Emil Vogel

Jahrbuch der Musikbibliothek Peters für 1903

Zehnter Jahrgang

Emil Vogel

Jahrbuch der Musikbibliothek Peters für 1903
Zehnter Jahrgang

ISBN/EAN: 9783744720854

Hergestellt in Europa, USA, Kanada, Australien, Japan

Cover: Foto ©Thomas Meinert / pixelio.de

Weitere Bücher finden Sie auf **www.hansebooks.com**

Jahrbuch

der

Musikbibliothek Peters

für

1903.

Zehnter Jahrgang.

Herausgegeben

von

Rudolf Schwartz.

LEIPZIG
Verlag von C. F. Peters
1904.

INHALT.

	Seite
Jahresbericht	5
Karl Nef: Clavicymbel und Clavichord	15
Arnold Schering: Zur Geschichte des italienischen Oratoriums im 17. Jahrhundert	31
Adolf Sandberger: Zur Entstehungsgeschichte von Haydns „Sieben Worten des Erlösers am Kreuze"	45
Hermann Kretzschmar: Zum Verständnis Glucks	61
Hermann Kretzschmar: Die *Correspondance littéraire* als musikgeschichtliche Quelle	77
Rudolf Schwartz: Verzeichnis der in allen Kulturländern im Jahre 1903 erschienenen Bücher und Schriften über Musik	93

Nachdruck sämtlicher Artikel ist verboten.

Bibliothek-Ordnung.

1.

Die Bibliothek ist — mit Ausnahme der Sonn- und Feiertage — täglich von 9—12 und 3—6 Uhr unentgeltlich geöffnet.

Die Besichtigung der Bibliothekräume, sowie der Bilder und Autographen ist von 11—12 Uhr gestattet.

Geschlossen bleibt die Bibliothek während des Monats August.

2.

Die Benutzung des Lesezimmers ist, soweit der Raum reicht, jedem (Herren wie Damen) gestattet.

3.

Die Bücher und Musikalien werden gegen Verlangzettel ausgegeben. Sie dürfen nur im Lesezimmer benutzt werden und sind nach der Benutzung dem Bibliothekar zurückzugeben.

Jahresbericht.

Am 2. Januar 1904 waren zehn Jahre verflossen, seitdem die Musikbibliothek Peters der Öffentlichkeit übergeben wurde. Auch das „Jahrbuch" erscheint mit dem laufenden Jahrgange zum zehnten Male. Der etwas weiter als gewöhnlich ausholende Jahresbericht wird daher einer besonderen Rechtfertigung nicht bedürfen. Die Frage, ob das Institut den Zweck erfüllt hat, den sein Stifter, Dr. Max Abraham, im Auge hatte, kann natürlich hier nicht erörtert werden, aber es war uns eine ganz besondere Freude, zu hören, daß die Musikbibliothek Peters gerade in den beteiligten Kreisen als ein bedeutsamer Faktor des Leipziger Musiklebens geschätzt wird, und daß manche Arbeiten von hiesigen Musikgelehrten und praktischen Musikern nur im Hinblick auf die in unserer Bibliothek befindlichen Hilfsmittel in Angriff genommen und ausgeführt wurden.

Besonders stark frequentiert wurde das Institut von den Studierenden der Universität. Unter den Herren, die in den letzten Jahren in Leipzig Musikwissenschaft studierten, dürfte kaum jemand sein, der nicht irgend einmal in Beziehung zu der Bibliothek getreten wäre, sei es direkt als Entleiher, oder indirekt durch Inanspruchnahme unserer Vermittlung beim Verkehr mit auswärtigen Bibliotheken. Und da die Vorstände der meisten deutschen und einiger ausländischen Bibliotheken die zur Benutzung erbetenen Werke uns bereitwilligst zur Verfügung stellten, so vergrößerte sich dadurch nicht nur das Arbeitsfeld auf unserer Bibliothek, sondern es konnte auch den Studierenden manche kostspielige Reise erspart werden. Gern ergreifen wir die Gelegenheit, den Bibliotheksvorständen für das uns ehrende Vertrauen und das damit zugleich erwiesene freundliche Interesse geziemend zu danken. Ebenso ist es uns eine angenehme Pflicht, den Verwaltungen des British Museum in London und der Bibliothèque du conservatoire royal de musique de Bruxelles, sowie den Herren Baron Horace de Landau

(Firenze), Sir John Stainer (London) und D. F. Scheurleer (Haag) für die wiederholte Überweisung der von ihnen publizierten, nicht im Handel befindlichen Bibliothekskataloge an dieser Stelle unseren öffentlichen Dank abstatten zu können. Im Anschluß hieran sei jedoch bemerkt, daß die Musikbibliothek Peters nach einer letztwilligen Bestimmung des Stifters die Annahme von käuflich zu erwerbenden Publikationen als Geschenke grundsätzlich ablehnen muß.

Auch von den praktischen Musikern (Damen und Herren) wurde fleißig gearbeitet, wenn schon gelegentlich ein bemerkbarer Rückgang eintrat. Ein nicht unbedeutendes Kontingent von Besuchern stellte Jahr für Jahr die Leipziger Lehrerschaft.

Von berühmten, inzwischen verstorbenen Musikern und Musikgelehrten, die die Bibliothek durch ihren Besuch auszeichneten, seien genannt: Johannes Brahms (1895), Friedrich Chrysander (1896), Heinrich von Herzogenberg (1894), Theodor Kirchner (1894) und Oskar Paul (1896).

Die Benutzung der Bibliothek mag die folgende Tabelle veranschaulichen.

Jahr	Gesamtzahl der Studierenden	Gesamtzahl der entliehenen Werke	theoretisch	praktisch
1894	4904*	9393	5414	3979
1895	4042*	7466	4529	2937
1896	3783	7698	4220	3478
1897	3695	9124	4638	4486
1898	4085	9271	5083	4188
1899	4680	10395	5992	4403
1900	4140	9495	5812	3683
1901	3803	9827	5865	3962
1902	3651	9079	5540	3539
1903	4125	10575	6019	4556
Summa:	40917	92323	53112	39211

Die mit * bezeichneten Zahlen haben nur relativen Wert, sie stellen die Gesamtzahl aller Besucher dar, während vom Jahre 1896 an diejenigen Personen, welche nur die im Lesezimmer aufgestellte Handbibliothek benutzten oder die daselbst aufliegenden Zeitungen einsahen, in der Statistik nicht mehr berücksichtigt wurden. Die Zahl der letzteren dürfte jährlich mit 500—600 Personen zu veranschlagen sein. Die Gesamtzahl aller Besucher belief sich im letzten Verwaltungsjahre auf 4717 Personen.

Der Bestand der Bibliothek vermehrte sich von c. 10000 Bänden auf c. 12000 Bände, wovon etwa 5600 auf die theoretische und 6400 auf die praktische Abteilung entfallen. An Textbüchern besitzt das Institut jetzt c. 2300 Nummern. Die Bildersammlung weist 1427 verschiedene Porträts (Einzelbilder und Gruppen) auf. Die neu erworbenen Autographen mögen hier noch einmal verzeichnet sein, da sie bisher merkwürdigerweise wenig beachtet worden sind. W. A. Mozart: Rondo (a-moll) für Klavier und VI „Sonate" für Klavier und Violine, die als „œuvre premier" 1778 in Paris bei Sieber im Stich erschienen (Köchel, No. 301—306).[1] Franz Schubert: op. 142. Vier Impromptus für Klavier und der unter dem Namen „Schwanengesang" bekannte Liederzyklus aus den letzten Lebensmonaten des Meisters, endlich Frédéric Chopin: op. 26. Deux polonaises.

Bei den Neuanschaffungen von Büchern und Musikalien wurde an dem Programm festgehalten, das der Stifter in seiner Rede am Eröffnungstage der Bibliothek entwickelt hatte. (cf. Jahrbuch I, S. 5.) Es wurden also demgemäß die Erscheinungen der Neuzeit in erster Linie berücksichtigt. Selbstverständlich wurde aber auch an dem weiteren Ausbau der vorhandenen Bestände planmäßig fortgearbeitet. Wo nur immer die Gelegenheit sich bot, Denkmäler aus früheren Perioden musikalischer Wissenschaft erwerben zu können, wurde gern zugegriffen, wie auch in der Abteilung für praktische Musik der geschichtliche Zusammenhang stets im Auge behalten wurde.

Auch im vergangenen Verwaltungsjahre konnten wiederum einige derartige Zugänge aus der älteren Literatur verzeichnet werden. a) Theoretische Abteilung: Zwei lateinische Dissertationen[2] von Johannes Lippius:

---

[1]) Bei dieser Gelegenheit sei darauf aufmerksam gemacht, daß in der Sonate V (A dur), Köchel, No. 305, nach dem Autographen der Anfang des zweiten Satzes, Thema und erste Variation, folgendermaßen lauten muß:

Beide Sätze beginnen also nicht mit d (Urtext-Ausgabe; E. Röntgen's Bemerkung zu der Stelle bleibt unverständlich) oder mit d resp. h (Kritische Gesamtausgabe). Auch sonst sind mir kleinere Abweichungen im Stich aufgefallen. Die ursprüngliche Tempobezeichnung Andantino ist nachträglich, wie mir scheint von fremder Hand, (mit Bleistift) in Andante grazioso umgewandelt worden.

[2]) Von der ersteren, am 1. Juni 1611 gehaltenen, existiert nach Eitner nur noch ein Exemplar auf der Königlichen Bibliothek zu Berlin, die zweite (4. April 1611) scheint ein Unikum zu sein, wenigstens sind weitere Fundorte bisher nicht bekannt geworden. Unser Exemplar bestätigt übrigens die Angaben, die J. G. Walther in seinem Lexikon (1732) darüber macht. Forkel und nach ihm Fétis halten irrtümlich beide für identisch; hinwiederum erwähnt Walther die erste Abhandlung nicht. Inhaltlich handelt es sich um Gedanken, die Lippius in seiner *Synopsis* weiter ausgeführt hat; seine Sympathie mit der *Rosenkreuzerei*, die in der zweiten Abhandlung zu Tage tritt, mag besonders erwähnt werden.

Themata fontem omnium erruntium musicorum aperientia . . . . Jenae typis Johannis Weidneri 1611 und Breviculum errorum musicorum veterum et recentiorum leviter pronunc attactorum . . . Ebenda. 1611. 4°. Je 4 Blatt. [Dom P. B. de Jumilhac]: La science et la pratique du plain-chant . . . . Paris, chez Louis Bilaine. 1673; ebenfalls eine bibliographische Seltenheit ersten Ranges, (cf. die im Jahre 1902 von Michel Brenet dazu herausgegebenen „Additions"). [Cl. Fr. Menestrier]: Des ballets anciens et modernes selon les regles du theatre. Paris, chez René Guignard. 1682; ein Werk, das schon als früher Versuch auf diesem Gebiete der Forschung an sich Bedeutung hat, und Johann Heinrich Buttstett: $\begin{smallmatrix}Ut,\ mi,\ sol,\\ re,\ fa,\ la,\end{smallmatrix}$ tota musica et harmonia aeterna . . . . Erffurt | gedruckt | bey Otto Friedr. Werthern . . . . s. a. [gegen 1715]. Die mit diesem Werke in Verbindung stehenden Mattheson'schen Abhandlungen besaß die Bibliothek bereits. b) **Praktische Abteilung**: Giovanni Giacomo Valther: Scherzi da violino solo con il basso continuo etc. 1676. Francesco Geminiani: Opera terza. Concerti grossi con due violini viola o violoncello di concertino obligati, e due altri violini e basso di concerto grosso. London, J. Walsh [7 Stb.]. Felice Degiardino: Opera terza. Sei sonate di cembalo con violino ò flauto traverso. [Partitur]. Es ist das die Ausgabe, die Eitner in seinem Quellenlexikon IV, S. 238 erwähnt; sie erschien übrigens bei John Cox in London. Ferner die Original-Partituren: Blaise „Isabelle et Gertrude" (1),[1]) Dezède „Alexis et Justine" (1), Méhul „Ariodant" (10), Piccini „Roland" (5), Salieri „Les Danaïdes" (2), J. Ch. Vogel „La toison d'or (2) und die Partitur von Hasse's „Senocrita" (Erstaufführung in Dresden am 8. 2. 1737) in gleichzeitiger Handschrift (7). Ferner: [J.V. Görner] „Sammlung neuer Oden und Lieder" 3 Teile. 1. und 2. Teil. Hamburg 1756. 3. Teil. Ebenda. 1752, eine willkommene Ergänzung zu den bereits vorhandenen Sammlungen von Sperontes und Gräfe. H. P. Bossler's wertvolle „Blumenlese für Klavierliebhaber" 4 Teile. Speier 1782, 1783. Endlich eine Reihe von Klavierauszügen, darunter: J. A. Hiller „Die verwandelten Weiber, oder Der Teufel ist los". Erster Theil. Leipzig 1770. und Dittersdorf „Die Liebe im Narrenhaus".

Von den Neuerwerbungen aus der modernen Musikpraxis mögen kurz genannt sein die Partituren: A. Bruckner „IX. Symphonie", G. Mahler

---

[1]) Die eingeklammerten Zahlen bedeuten die Anzahl der Opernpartituren, mit denen die betreffenden Komponisten in unserer Sammlung vertreten sind.

„2. Symphonie" (c-moll), R. Strauß „Burleske" (d-moll) für Pianoforte und Orchester, op. 51. „Das Thal" und op. 52. „Taillefer", Hugo Wolf[1]) „Der Corregidor", Philipp Wolfrum, op. 31. „Ein Weihnachtsmysterium". Ferner: Max Reger, op. 67. „Zweiundfünfzig Choralvorspiele", Theodor Streicher „30 Lieder aus des Knaben Wunderhorn" und Leo Blech, op. 12. „Das war ich" (Klavierauszug). Die Neuanschaffungen in der theoretischen Abteilung, soweit sie die Literatur des Jahres 1903 betreffen, sind an der bekannten Stelle mit * gekennzeichnet worden.

Über die Benutzung der Bibliothek im vergangenen Jahre gibt die Tabelle auf S. 6 Auskunft. Erfreulicherweise war gegen das Vorjahr ein erhebliches Plus zu verzeichnen. Daß fleißig gearbeitet worden ist, zeigt die Zahl der Entleihungen, die die bisher erreichte Höchstzahl repräsentiert. Geöffnet war die Bibliothek an 275 Tagen.

Noch ist eines schmerzlichen Verlustes zu gedenken. Am 18. April 1903 starb der Musikalienhändler Herr Karl Peiser. Der Verstorbene hat seit dem Bestehen des Instituts die Interessen desselben in uneigennützigster Weise gefördert. Ganz besonders hat er sich um die Einrichtung der praktischen Musik-Abteilung verdient gemacht. Seit dem Tode des Stifters der Bibliothek gehörte er dem Kuratorium der Anstalt an. Sein Wirken wird unvergessen bleiben. Das erledigte Amt wurde von Herrn Kommerzienrat J. H. Zimmermann gütigst übernommen.

Zum Schlusse möge das (seit 1896) übliche Verzeichnis der am meisten verlangten Werke folgen.

Theoretisch-literarische Werke.

Autor	Titel	Zahl der Entleihungen
Nietzsche, Fr.	Wagner-Schriften (Geburt der Tragödie. Der Fall Wagner etc.)	78
Hofmann, Rich. . . .	Praktische Instrumentationslehre	60
Eitner, Rob.	Biographisch-Bibliographisches Quellen-Lexikon der Musiker und Musikgelehrten	59
. . . .	Zeitung, Allgemeine musikalische (Breitkopf & H.)	59

---

[1]) Nach einer freundlichen Mitteilung der Verleger das erste Exemplar, das überhaupt von der gedruckten Partitur ausgegeben wurde.

Autor	Titel	Zahl der Entleihungen
Goldschmidt, H. . . .	Handbuch der deutschen Gesangspädagogik . . .	49
Lankow, Anna . . .	Die Wissenschaft des Kunst-Gesanges	48
Müller-Brunow . . .	Tonbildung oder Gesangunterricht?	45
Armin, George . . .	Gesanglehrer der Gegenwart!	44
Spitta, Ph.	Johann Sebastian Bach	44
. . . .	Vierteljahrschrift für Musikwissenschaft	43
. . . .	Monatshefte für Musikgeschichte	39
Unschuld von Melasfeld, Marie	Die Hand des Pianisten	38
Kretzschmar, H. . .	Musikalische Zeitfragen. Zehn Vorträge	36
Wagner, Rich. . . .	Gesammelte Schriften	36
Helmholtz, H. v. . .	Die Lehre von den Tonempfindungen	35
Bülow, H. v.	Briefe und Schriften	34
Kofler, Leo	Die Kunst des Atmens	34
Litzmann, Berth. . .	Clara Schumann	34
Chamberlain, H. S. .	Richard Wagner	32
Marx, Ad. B.	Die Lehre von der musikalischen Komposition .	31
Riemann, H.	Große Kompositionslehre	31
Winterfeld, C. v. . .	Der evangelische Kirchengesang	30
Hofmeister, Fr. . . .	Verzeichniss sämmtlicher im Jahre 1852—1902 in Deutschland und in den angrenzenden Ländern erschienenen Musikalien	29
. . . .	Jahrbuch der Musikbibliothek Peters	29
Ambros, Aug. W. . .	Geschichte der Musik	26
Draeseke, Fel. . . .	Der gebundene Styl	26
. . . .	Katalog der Edition Peters	24
Quantz, Joh. J. . . .	Versuch einer Anweisung die Flöte traversiere zu spielen	24
Richter, Ernst Fr. .	Lehrbuch der Harmonie	24
Stockhausen, J. . . .	Gesangsmethode	24
Jahn, O.	W. A. Mozart	22
Liszt, Franz	Gesammelte Schriften	21
Praetorius, Mich. . .	Syntagma Musicum	21
Berlioz, Hect.	Instrumentationslehre	20
Glasenapp, Carl F. .	Das Leben Richard Wagner's	19
Marx, Ad. Bernh. . .	Ludwig van Beethoven Leben und Schaffen . .	19
Weingartner, Fel. . .	Ueber das Dirigiren	19
. . . .	Zeitschrift der internationalen Musik-Gesellschaft	19
Garcia, M.	Schule des Gesanges	17

Autor	Titel	Zahl der Entleihungen
Lebert u. Stark, L. .	Grosse theoretisch-praktische Klavierschule . . .	17
. . . .	Leipziger Allgemeine Musikalische Zeitung (Chrysander)	17
Mattheson, J.	Grundlage einer Ehren-Pforte	17
Nohl, Ludw.	Beethovens Leben	17
Friedlaender, Max .	Das deutsche Lied im 18. Jahrhundert	16
Glasenapp, Carl F. .	Wagner Encyklopädie	16
Haberl, Fr. Xav. . .	Kirchenmusikalisches Jahrbuch	16
Bulthaupt, Heinr. . .	Dramaturgie der Oper	15
. . . .	Sammelbände der internationalen Musik-Gesellschaft	15
Wagner, Rich. . . .	Das Judenthum in der Musik	14
Gevaert, F. A. . . .	Neue Instrumenten-Lehre	14
Mackenzie, M. . . .	Singen und Sprechen, Pflege und Ausbildung der menschlichen Stimmorgane	14
Mattheson, J.	Der vollkommene Kapellmeister	14
Merkel, Carl L. . . .	Der Kehlkopf oder die Erkenntniss und Behandlung des menschlichen Stimmorgans	14
. . . .	Briefwechsel zwischen Wagner und Liszt	13
Chrysander, Fr. . . .	G. F. Händel	13
Gerber, Ernst L. . .	Historisch-biographisches Lexicon der Tonkünstler	13
Marx, Ad. B.	Anleitung zum Vortrag Beethovenscher Klavierwerke	13
Riemann, H.	Katechismus der Musikinstrumente	13
Schmitt, Friedr. . . .	Grosse Gesangschule für Deutschland	13
Batka, Rich.	Grillparzer und der Kampf gegen die deutsche Oper in Wien	12
Bohn, Emil	Bibl. der Musik-Druckwerke in Breslau	12
Breslaur, Emil . . .	Methodik des Klavier-Unterrichts	12
Burney, Ch.	A general history of music	12
Hey, Jul.	Deutscher Gesangsunterricht	12
Lichtenberger, H. . .	Richard Wagner, der Dichter und Denker . . .	12
Prosniz, A.	Compendium der Musikgeschichte	12
Bie, Oscar	Das Klavier und seine Meister	11
Gevaert, Fr. Aug. .	Histoire et théorie de la musique de l'antiquité .	11
Marpurg, Fr. W. . .	Historisch-kritische Beiträge	11
Pohl, Louise	Hector Berlioz' Leben und Werke	11
Thayer, Alex. W. . .	Ludwig van Beethoven's Leben	11
Berlioz, Hect. . . .	Gesammelte Schriften	10
Bitter, C. H.	Beiträge zur Geschichte des Oratoriums	10

Autor	Titel	Zahl der Entleihungen
Göhler, K. A.	Verzeichnis der in den Frankfurter und Leipziger Messkatalogen der Jahre 1564—1759 angezeigten Musikalien	10
Haberlandt, M. . . .	Hugo Wolf. Erinnerungen und Gedanken . . .	10
Hauser, Franz . . .	Gesanglehre für Lehrende und Lernende	10
Köstlin, H. A. . . .	Die Tonkunst. Einführung in die Aesthetik der Musik	10
Nehrlich, C. G. . . .	Die Gesangkunst. Physiologisch, psychologisch, ästhetisch und pädagogisch dargestellt	10
Polak, A. J.	Ueber Ton-Rhythmik und Stimmenführung . . .	10
Riemann, H.	Geschichte der Musik seit Beethoven (1800—1900)	10
Schneider, K. E. . .	Das musikalische Lied in geschichtlicher Entwickelung	10
Werner, Arno . . .	Geschichte der Kantorei-Gesellschaften im Gebiete des ehemaligen Kurfürstentums Sachsen . . .	10
Zahn, Joh.	Die Melodien der deutschen evangelischen Kirchenlieder	10
Zopff, Herm.	Rathschläge und Erfahrungen für angehende Gesang- und Orchester-Dirigenten	10

Praktische Werke.

Komponist	Titel	Zahl der Entleihungen
Wagner, Rich.	Die Walküre, Partitur	42
Wagner, Rich. . . .	Die Meistersinger von Nürnberg, Klavier-Auszug	36
Wagner, Rich. . . .	Siegfried, Partitur	34
Fink, G. W.	Musikalischer Hausschatz der Deutschen	32
Wagner, Rich. . . .	Siegfried, Klavier-Auszug	31
Wagner, Rich. . . .	Lohengrin, Klavier-Auszug	29
Berlioz, Hect. . .	Op. 5. Grande Messe des Morts, Partitur . . .	26
Mascagni, P.	Cavalleria rusticana, Klavier-Auszug	26
Verdi, G.	Il Trovatore, Klavier-Auszug	26
Wagner, Rich. . . .	Die Meistersinger von Nürnberg, Partitur . . .	25
Wagner, Rich. . . .	Tristan und Isolde, Partitur	24
Bizet, G.	Carmen, Partitur	23
Wagner, Rich. . . .	Götterdämmerung, Partitur	22

Komponist	Titel	Zahl der Entleihungen
Volkmann, Rob. . .	Op. 68. Ouverture zu Shakespeare's Richard III., Partitur	21
Wagner, Rich. . . .	Tristan und Isolde, Klavier-Auszug	21
Bizet, G.	Carmen, Klavier-Auszug	20
Wagner, Rich. . . .	Der fliegende Holländer, Partitur	20
Wolf, Hugo	Gedichte von Eduard Mörike	20
Strauss, Joh.	Die Fledermaus, Klavier-Auszug	19
Wagner, Rich. . . .	Das Rheingold, Klavier-Auszug	19
Wagner, Rich. . . .	Tannhäuser, Klavier-Auszug	19
Wagner, Rich. . . .	Götterdämmerung, Klavier-Auszug	18
Schumann, Rob. . .	Op. 48. Dichterliebe	18
Bach, Joh. Seb. . . .	Ouverture ou Suite No. 3 D dur, Partitur . . .	17
Beethoven, L. v. . .	Symphonien, Gesammt-Ausgabe	17
Mascagni, P.	Cavalleria rusticana, Partitur	17
Wagner, Rich. . . .	Tannhäuser, Partitur	17
Wolf, Hugo	Gedichte von Eichendorff	17
Berlioz, Hect. . . .	Symphonie fantastique, Partitur	16
Charpentier, Gust. .	Louise, Klavier-Auszug	16
. . . .	Denkmäler deutscher Tonkunst, Bd. VIII u. IX	16
Wagner, Rich. . . .	Lohengrin, Partitur	16
Wüllner, Franz . . .	Chorübungen	16
. . . .	Denkmäler der Tonkunst in Bayern, Bd. I . . .	15
. . . .	Publikation der Gesellschaft für Musikforschung. Die Oper, Theil I	15
Strauss, Joh.	Fledermaus, Partitur	15
Wolf, Hugo	Gedichte von Goethe	15
. . . .	Denkmäler der Tonkunst in Oesterreich Bd. IV .	14
. . . .	Schlussband der Gesammt-Ausgabe von Joh. Seb. Bach's Werken	14
Strauss, Rich. . . .	Op. 48. Fünf Lieder	14
Wagner, Rich. . . .	Der fliegende Holländer, Klavier-Auszug	14
Wagner, Rich. . . .	Rheingold, Partitur	14
Wagner, Rich. . . .	Die Walküre, Partitur	14
Strauss, Rich. . . .	Feuersnot, Klavier-Auszug	13
Beethoven, L. v. . .	Gesammt-Ausgabe Serie IV (Violine und Orchester)	12
Dvořák, Ant.	Op. 95. Symphonie No. 5, Partitur	12
Jones, Sidney . . .	Die Geisha, Klavier-Auszug	12
Thomas, Ambr. . . .	Mignon, Partitur	12
Verdi, G.	Aida, Partitur	12

Komponist	Titel	Zahl der Entleihungen
Verdi, G.	Rigoletto, Partitur	12
Wagner, Rich. . . .	Eine Faust-Ouverture, Partitur	12
Brahms, Joh.	Op. 73. Zweite Symphonie (D dur), Partitur . .	11
Liszt, Franz	Zweites Pianoforte-Concert mit Orchester, Partitur	11
Liszt, Franz	Todtentanz, Paraphrase über „Dies irae", Partitur	11
Strauss, Joh.	Der Zigeunerbaron, Klavier-Auszug	11
Wagner, Rich. . . .	Parsifal, Klavier-Auszug	11
Weber, Carl M. v. .	Freischütz, Partitur	11
Beethoven, L. v. . .	Sonaten für Pianoforte und Violine	10
Beethoven, L. v. . .	Op. 55. Symphonie No. 3, Partitur	10
Gounod, Ch.	Faust, Partitur	10
Grieg, Edvard . . .	Op. 46. Erste Orchestersuite aus der Musik zu „Peer-Gynt", Partitur	10
Leoncavallo, R. . . .	Der Bajazzo, Klavier-Auszug	10
Reifferscheid, A. . .	Westfälische Volkslieder	10
Reimann, H.	Internationales Volksliederbuch	10
Strauss, Rich. . . .	„Also sprach Zarathustra", Partitur	10
Strauss, Rich. . . .	Ein Heldenleben, Partitur	10
Strauss, Rich. . . .	Op. 46. Fünf Gesänge für Sopran oder Tenor .	10
Strauss, Rich. . . .	Op. 49. Acht Lieder für eine Singstimme mit Klavierbegleitung	10
Thomas, Ambr. . . .	Mignon, Klavier-Auszug	10
Tschaikowsky, P. . .	Op. 74. Symphonie pathétique No. 6, Partitur .	10

Leipzig, im Februar 1904.

C. F. Peters.   Dr. Rudolf Schwartz.
Bibliothekar.

Clavicymbel und Clavichord.

Von

Karl Nef.

Clavicymbel und Clavichord, den seit langem in die Stille der Museen verbannten Ahnen des modernen Pianofortes wird in jüngster Zeit wieder lebhafteres Interesse geschenkt, und es will fast scheinen, daß sie zu neuem Leben berufen seien. In Belgien und Frankreich gehören Konzerte auf alten Instrumenten nicht mehr zu den Seltenheiten, und aus der deutschen Stadt Duisburg kam kürzlich die Nachricht, daß eine dortige Fabrik sich wieder dem Bau von Clavicymbeln widmen wolle. Auch ein unlängst in Basel veranstaltetes Konzert, in dem neben Streichinstrumenten namentlich Clavicymbels und Clavichords aus dem dortigen Historischen Museum vorgeführt wurden, erregte überraschend lebhaftes Interesse. Diesem letztgenannten Versuch stand der Verfasser persönlich nahe, und hauptsächlich die dabei gemachten Beobachtungen haben ihn zu der nachstehenden kleinen Studie angeregt.

Wie heute noch, faßte man im 17. und 18. Jahrhundert die verschiedenen Klavierarten unter dem Namen „Clavier" zusammen. Bis um 1750 wurde auch die Orgel noch zu den Klavieren gezählt. Den nächstliegenden Beweis dafür gibt uns Bachs „Clavier Übung", deren zweiter Teil „vor ein Clavicymbel", der dritte aber „vor die Orgel" bestimmt ist. Orgel- und Klaviermusik sind lange miteinander Hand in Hand gegangen und daraus erklärt sich die Beizählung der Orgel zu den Klavieren. Diesen weiten Sprachgebrauch zunächst festzustellen, war wichtig, weil nicht selten gelehrt wird, in Deutschland habe man das Clavichord kurzweg Klavier genannt.[1]) Das trifft zu für das ausgehende 18. und den Anfang des 19. Jahrhunderts, durchaus nicht aber für die frühere Zeit. Als um die Jahrhundertwende die kleine Form des Clavicymbels, das Spinett, außer Gebrauch gekommen war und man nur noch — im Orchester — die Flügelform benützte, da wurde es üblich, das große Clavicymbel kurzweg „Flügel" und das noch in voller Blüte stehende Clavichord „Clavier" zu nennen. So führt Koch[2]) in seinem Lexikon von 1802 das Clavichord unter „Clavier" auf; dagegen nennen die berühmten Unterrichtswerke aus den fünfziger Jahren des 18. Jahrhunderts von Ph. E. Bach[3]) und Marpurg[4]) auf dem Titel kurzweg

---

[1]) Den Niederschlag dieser Lehre findet man in Riemann's Musiklexikon. 5. Aufl. 1900 S. 577. [2]) Heinr. Christ. Koch: Musikalisches Lexikon. Frankfurt a. M. 1802, I. S. 341. — Vergl. ferner E. Müller: Klavier- und Fortepiano-Schule. Jena 1804, S. 1.
[3]) Ph. E. Bach: Versuch über die wahre Art das Clavier zu spielen. Berlin 1753.
[4]) Friedr. Wilh. Marpurg: Anleitung zum Clavierspielen. Berlin 1755.

das Klavier, meinen damit aber beide Gattungen, so überhaupt fast alle Klavierschulen des 18. Jahrhunderts.[1]) Oder um noch ein paar weitere Zeugnisse anzuführen: Auf dem Titelblatt von J. Kuhnaus Clavier-Uebung erster Teil 1689 ist ein Spinett; auf demjenigen zur Liedersammlung „Musikalischer Zeitvertreib" 1743, die zum sich vergnügen „auf dem beliebten Clavier" berechnet ist, ein großes Clavicymbel abgebildet. Noch sicherere Bestätigung geben die theoretischen Schriften von Mattheson[2]), Quantz[3]) u. a.

I.

Von den beiden alten Arten hat das Clavicymbel die wichtigere Rolle gespielt. Seit der Erfindung des begleiteten Sologesanges nahm es zweihundert Jahre hindurch als Generalbaßinstrument einen ständigen wichtigen Platz im Orchester und in aller Ensemblemusik ein. Ferner hat sich die Solo-Klaviermusik, auf deren Ausbildung bekanntlich die Italiener und Franzosen den größten Einfluß ausübten, an der Hand des Clavicymbels, nicht des Clavichords, ausgebildet. Beim Clavicymbel oder Cembalo, wie wir es dem im 18. Jahrhundert auch in Deutschland üblichen Sprachgebrauch folgend der Kürze halber nennen wollen, werden die Saiten durch Federkiele gerupft oder diese „jucken und schwingen" die Saiten, wie es in einer alten Charakteristik[4]) zutreffend heißt. Die Stärke des einzelnen Tones konnte nicht modifiziert werden; darin erinnert das Cembalo an die Orgel; Mattheson[5]) nennt es deshalb geradezu: Organon. Um aber doch verschiedene Tonstärken hervorbringen zu können, übernahm man von der Orgel das System der Register durch Verdoppelung und Vervielfachung der Saiten, die durch Züge ein- oder abgestellt werden konnten, und baute Instrumente mit zwei oder mehr Manualen. Die meistverbreiteten Hausinstrumente entbehrten jedoch dieser Vorzüge oder besaßen sie doch nur, etwa in Form eines einzigen Zuges, in geringem Maße. Wie einerseits mit der Orgel, hat das Cembalo andererseits, dadurch daß die Saiten gerupft werden, Verwandtschaft mit der Laute.[6]) Es ist beachtenswert, daß ursprünglich Lauten und Orgeln sich in die Aufgabe der Generalbaßausführung mit dem Cembalo teilten. Das letztere ging als Sieger aus dem Wettstreit hervor und wurde vermöge seiner Vorzüge bald das wichtigste aller Generalbaßinstrumente. Vor der Laute hat es größere Tonfülle und Leichtigkeit im Akkordspiel voraus. Die Orgel übertrifft es erstens durch seine größere Beweglichkeit, dann namentlich durch die Fähigkeit, im Klang sich

---
[1]) Man sehe das ziemlich reichhaltige Verzeichnis in Sulzers Theorie der schönen Künste. Neue Aufl. Leipzig 1787, II. S. 542. [2]) Z. B. Neu eröffnetes Orchester 1713, S. 262.
[3]) J. J. Quantz: Versuch einer Anweisung die Flöte traversière zu spielen. III. Aufl. Breslau 1789. XVII. Hauptstück „Von den Clavieristen insbesondere." S. 223—238.
[4]) Ch. F. Dan. Schubart: Ideen zu einer Aesthetik der Tonkunst. Wien 1806, S. 287.
[5]) Große Generalbaß-Schule, Hamburg 1731, S. 43. [6]) Diese Zwischenstellung des Cembalo zwischen Orgel und Laute finde ich zum erstenmal angedeutet in O. Bie's: Das Clavier und seine Meister. München 1898, S. 102.

andern Instrumenten anzuschmiegen und mit ihnen sich zu verschmelzen, während die Orgel nur zu leicht hervorschreit oder alles andere deckt und tötet. Mit seiner „säuselnden und lispelnden Harmonie", wie sich Mattheson[1]) ausdrückt, wozu noch eine durchdringende Kraft des Tones kommt, kann es wie kein anderes Instrument überall füllen und verbinden, ohne doch je, das Ensemble störend, hervorzutreten. In diesem diskreten Klang besteht auch der Vorzug des Cembalos als Generalbaßinstrument gegenüber dem Pianoforte. Der gehämmerte Ton des letzteren verbindet sich mit dem Orchester fast gar nicht. Unser Ohr hat sich zwar vollständig an ihn gewöhnt; aber er steht doch an Schönheit hinter dem der Streich- und Blasinstrumente weit zurück und — bewußt oder unbewußt — wird dem Hörer dies unangenehm bemerkbar, wenn das Pianoforte als Generalbaßinstrument benützt wird. Nach dem Gesagten ist die Schlußfolgerung leicht zu ziehen, daß für den Continuo in Werken des 17. und 18. Jahrhunderts die Wiedereinführung des Cembalos eine Notwendigkeit ist.

Die Theoretiker des 18. Jahrhunderts waren sich darüber einig, daß es in der Ensemblemusik ohne Cembalo nicht geht. „Das Clavicymbel mit seiner Université gibt ein accompagnierendes, fast unentbehrliches Fundament zu Kirchen-, Theatral- und Kammermusik ab", sagt Mattheson.[2]) Und Quantz: „Den Clavicymbel verstehe ich bey allen Musiken, sie seyn kleine oder große, mit dabei."[3]) Noch Koch[4]), zu dessen Zeit das Pianoforte schon allgemein im Gebrauch war, hält das Cembalo für das beste Generalbaßinstrument, zum mindesten — wegen seines „starken, durchschlagenden Tones" — bei stark besetzter Musik und in großen Opernhäusern. Das letztere ist besonders zu beachten, da man bei nur flüchtiger Prüfung leicht geneigt ist, den Ton des Cembalos eher für schwach zu halten. Er ist nicht rund und voll, aber stark und durchschlagend. Darum wird auch mehrfach mit besonderem Nachdruck gefordert, das Cembalo selbst bei stärkster Besetzung und in größten Räumen zu verwenden. So sagt Ph. E. Bach[5]): „Man kann ohne Begleitung eines Klavierinstruments kein Stück gut aufführen. Auch bei den stärksten Musiken, in Opern, sogar unter freyem Himmel, wo man gewiß glauben sollte, nicht das geringste vom Flügel zu hören, vermißt man ihn, wenn er wegbleibt. Hört man in der Höhe zu, so kann man jeden Ton desselben deutlich vernehmen. Ich spreche aus der Erfahrung und jedermann kann es versuchen." Ähnlich meint Mattheson[6]), bei Chören von mehr als 50 Personen könne jeder Akkord in einer dreitausend Mannfähigen Kirche vernommen werden, wenn eine tüchtige Faust auf den Flügel komme. „Das hat man erfahren", bekräftigt auch er. Mit dem stärker besetzten Orchester hat man übrigens auch das Cembalo vervielfacht, wie H. Kretzschmar[7]) überzeugend nachgewiesen hat.

---

[1]) Neu eröffnetes Orchester S. 263.   [2]) Neu eröffnetes Orchester S. 262.   [3]) A. a. O. S. 185.   [4]) A. a. O. S. 586.   [5]) Versuch II. 1762, S. 2.   [6]) Vollkommener Kapellmeister. Hamburg 1739, S. 104.   [7]) Jahrbuch Peters 1900, S. 58 ff.

Besonders hervorzuheben ist, daß schon Mattheson[1]) die Verwendung des Cembalo in der Kirchenmusik fordert und mit ihm alle spätern Theoretiker. Und zwar deshalb, weil Spitta[2]) den Gebrauch des Klavierinstruments in der Kirche eine Unsitte nennt und man gestützt auf diese Autorität geneigt sein könnte, aus ästhetischen und kirchlichen Gründen trotz der historischen Tatsache des Gebrauchs von der Wiedereinführung des Cembalo in die Kirchenmusik abzusehen. Dagegen ist einzuwenden, daß das Cembalo, wie Spitta selbst nachweist, in naher Verwandtschaft zur Orgel steht und darum, so wenig wie diese, kaum etwas kirchlich Anstößiges an sich hat; anders liegt die Sache freilich beim modernen Pianoforte, das dem Bachforscher bei jenem Ausspruch wohl vorgeschwebt haben mag.

Bemerkenswert sind ferner folgende Sätze von Mattheson[3]): „Bey Frantzösischen Musiquen will das Clavier nicht so durchgehends vor nöthig gehalten werden, und behilfft man sich gemeiniglich mit einer Baßgeigen oder dergleichen zum Fundament; allein es klingt auch so nackend und kahl, daß ein Kenner sich schämet, und ein Unkündiger offt in aller Welt nicht weiß, was dem Dinge fehlet. Es ist aber zu hoffen, daß auch die Herren Frantzosen, wie bereits in vielen Musikalischen Dingen geschehen, ebenfalls hierinn ihre Resolution ändern und solche unnütze Caprice fahren lassen werden." Mit diesem Ausspruch Matthesons stimmt es überein, daß in den im französischen Stil gehaltenen deutschen Orchestersuiten aus der Zeit um das Jahr 1700, wie z. B. in denen Muffats, die Besetzung des Continuo noch nicht als unbedingt nötig erscheint.[4]) In den ersten Jahrzehnten des 17. Jahrhunderts kannte auch das deutsche Orchester das Cembalo nicht; dieses ist von Italien aus eingeführt worden. Wieder vertrieben wurde es durch deutschen Einfluß.

Die Sinfonien Haydns hauptsächlich haben dem Cembalo als Orchesterinstrument den Garaus gemacht. Weil es in seiner nicht variablen, nicht schattierbaren Tonstärke etwas von der Schwerfälligkeit der Orgel an sich hat, paßte es nicht mehr zu der beweglichen modernen Orchestermusik, die in jedem Augenblick Instrumentation und Dynamik wechselt. Das Cembalo fing an zu stören. Aber man war durchaus nicht überall so radikal wie Haydn selbst, der ja auch in London sich wieder an den Flügel bequemen mußte, es einfach auszuschließen, sondern man dachte auf Ersatz. Das Pianoforte, das in den letzten Jahrzehnten des 18. Jahrhunderts zum Generalbaßspiel herangezogen wurde,[5]) galt damals bei starker Besetzung für zu schwach im Ton, und Koch[6]) erwartete die Erfindung eines Instrumentes, das die Stärke

---

[1]) Neu eröffnetes Orchester S. 263.   [2]) A. a. O. I, S. 830.   [3]) Neu eröffnetes Orchester S. 263.   [4]) Vergl. H. Kretzschmar, Führer I. 1, S. 21. — Ein Suitenwerk, das das Generalbaßinstrument direkt ausschließt, ist B. A. Aufschnaiter's „Concors Discordia". Nürnberg 1695. Vergl. Beiheft d. I. M. G. Nr. V, S. 36.   [5]) Nach H. Lavoix „Histoire de l'Instrumentation" (Paris 1878) S. 89 wurde das Pianoforte im Jahre 1767 in London zum erstenmal als Generalbaßinstrument verwendet.   [6]) A. a. O. S. 587.

des Cembalo, aber „mehr Mildheit oder Biegsamkeit" des Tones besitze. Diese Erfindung blieb aus, das Pianoforte ging seine eigenen Wege und das Orchester entschlug sich des Vorzuges eines Generalbaßinstrumentes. Spätere Zeiten werden sich diesen vielleicht wieder zu nutze machen.
 Noch früher als im Orchester wurde das Cembalo als Soloinstrument aufgegeben. Bis um die Mitte des 18. Jahrhunderts war es das weitaus wichtigste Klavierinstrument für das Solospiel; wenigstens zum Konzertvortrag kam das Clavichord kaum oder gar nicht in Betracht. Erst in der zweiten Hälfte des Jahrhunderts ist das letztere, wie wir noch sehen werden, für kurze Zeit in der Öffentlichkeit mehr hervorgetreten. Damals auch begann der bald alles andere überflügelnde Siegeslauf des Pianofortes. Mit dem neuen Instrument kam eine neue Musik. Die alte wurde vergessen; suchen wir sie aber heute wieder hervor, so müßten wir folgerichtig auch wieder zum alten Instrument zurückkehren, denn die Komponisten rechneten mit der Eigenart desselben, und diese ist stark und hat ihre besonderen Vorzüge. Schubart[1]) sagt in seiner Charakteristik des Clavicymbels: „Es hat bloßen simpeln Umriß; aber so deutlich marquirt, und so scharf gezeichnet, wie die Figur eines Knellers oder Chodowiecys ohne Schattirung. Auf diesem Instrumente muß man zuerst reinen Vortrag lernen, oder welches eins ist, man übt die Faust in der richtigen musikalischen Zeichnung." Dieser Vergleich mit der Zeichnung trifft den Nagel auf den Kopf. Die polyphon reichverästelte Klaviermusik des 17. und 18. Jahrhunderts tritt auf dem Cembalo in schärfster Klarheit in die Erscheinung. Es gibt keine Übergänge, kein Abtönen, kein Ineinanderverschwimmen, wie bei einem gemalten Bilde, sondern die einzelnen Linien treten, wie bei einer Zeichnung, scharf hervor. Darum diese Freude an reicher mannigfaltiger Linienführung in der alten Klaviermusik.
 Auf dem Clavicymbel kann jeder einzelne Ton nur mit ein und derselben Stärke angeschlagen werden; aber jeder spricht auch gleich scharf und bestimmt an. Die Schwierigkeit, die das Pianoforte bietet, mehrere gleichberechtigte Stimmen gleichmäßig zu spielen, jeder ihr Recht und die gehörige Kraft zu geben, besteht auf dem Cembalo nicht. Sofern nur die Noten richtig gespielt werden, ertönt alles völlig gleichmäßig. Dazu kommt der weitere Vorteil, daß, während beim polyphonen Spiel auf dem Pianoforte nur zu leicht ein nicht mehr verständliches Tongeschwirr entsteht, die durch Zupfen von Metallsaiten hervorgerufenen Töne des Cembalo sich überaus scharf von einander abheben und jeder einzelne hörbar ist. Ferner sind die Dissonanzen und Reibungen auf diesem weit weniger empfindlich und beleidigend, als auf dem Pianoforte, weil der Ton des Cembalo weniger voluminös ist und sozusagen etwas ätherisches an sich hat. Ein jeder sieht, daß der Charakter der alten Klaviermusik aus dem Instrument, das den Komponisten zur Verfügung stand, sich erklärt; vielleicht könnte man den Satz auch umkehren?

---

[1]) A. a. O. S. 286 ff.

Dieser Beschreibung eines der wichtigsten Charakterzüge ist noch die eines kleinen besondern Vorzuges des Cembalo beizufügen. Die tiefern Töne, etwa von der Mitte der Klaviatur an, klingen, wenn man die Taste niedergedrückt hält, länger nach, als auf dem Pianoforte ohne Pedalgebrauch. Auf diesem schönen Nachklingen liegender, tieferer Töne beruht die Wirkung zahlreicher Stellen in der alten Klaviermusik. Wir greifen das berühmteste Beispiel, das C-dur-Präludium des ersten Teiles des „wohltemperierten Klaviers" heraus. Auf dem Pianoforte kann man es wegen des nüchternen Klanges ohne Pedal nicht spielen, mit Pedal aber klingt und verschwimmt alles in einander. Auf dem Cembalo dagegen hallen die beiden ausgehaltenen tiefsten Töne der durchgehenden Figur wunderschön nach, wie milde Glockentöne, darüber schweben leicht und durchsichtig die beweglichen Sechzehntel. Auf diesem Gegensatz von Ruhe und Bewegung basiert der Klangeffekt des unvergleichlichen Stückes. Der Cembalospieler wird darüber keinen Augenblick im Zweifel sein, während das Stück, auf dem Pianoforte gespielt, selbst Bachkennern noch zu raten aufgibt.[1])

Die schwache Seite des Cembalo: seine Unfähigkeit, dynamische Abstufungen zu geben, erfordert ein besonderes Wort. Wir haben schon gesehen, daß bei den großen Prachtstücken, die etwa unsern Konzertflügeln entsprechen, durch Registerzüge u. dgl. die Möglichkeit wechselnder Tonstärke geschaffen wurde. Aber zur Schattierung im Kleinen, Intimen waren auch diese nicht geeignet. Mir will es nun scheinen, daß die Komponisten die Schattierung in die Kompositionen selbst gelegt und durch die Art der Aufzeichnung Fingerzeige für die Dynamik gegeben haben. Man höre zunächst folgende Sätze von Quantz[2]), die sich zwar nicht auf das Solo-, sondern auf das Generalbaßspiel beziehen, aber doch auf das erstere Schlüsse ziehen lassen: „Auf einem Clavicymbal mit einem Claviere, kann das Piano durch einen gemäßigten Anschlag, und durch die Verminderung der Stimmen; das Mezzoforte durch Verdoppelung der Octaven im Basse; das Forte durch eben dieses, und wenn man noch in der linken Hand einige zum Accord gehörige Consonanzen mitnimmt; das Fortissimo aber, durch geschwinde Brechungen der Accorde von unten herauf, durch eben diese Verdoppelung der Octaven, und der Con-

---

[1]) So schreibt z. B. F. Busoni in seiner Ausgabe des „Wohlt. Claviers" (Schirmer, New York) durchgehendes Pedal vor, sagt dagegen in einer Anmerkung, er empfehle, das Pedal bis zum 5. Takt des III. Teils aufzusparen. In einer weiteren Anmerkung meint er, auch die Tausig'sche Auffassung, das Stück durchweg unverändert „Pianissimo" vorzutragen sei beachtenswert, bringt aber selbst zahlreiche dynamische Zeichen an, die nach der von H. Kretzschmar so dringend, bisher aber leider vergeblich zur Wiederbelebung empfohlenen „Affektenlehre" der Alten so verkehrt wie möglich sind. Doch das geht uns hier nichts an, dagegen sei noch folgender sonderbarer Satz, der wohl auch nur dadurch erklärlich wird, daß der große Klavierspieler sich über das Stück nicht völlig klar geworden ist, mitgeteilt: „Herausgeber warnt davor, dieses Stück allzu hoch zu stellen oder gar zu unterschätzen."   [2]) A. a. O. S. 230 ff.

sonanzen in der linken Hand, und durch einen heftigern und stärkern Anschlag, hervorgebracht werden." Es scheint mir, was Quantz hier von seinem Generalbaßspiel verlangt, haben die Komponisten in ihren Solostücken durch die Aufzeichnung genau vorgeschrieben. Es dürfte das beste sein, an einem bekannten und authentischen Beispiel die Probe zu machen. Wir wählen das Cis-moll-Präludium aus dem ersten Band des „Wohltemperierten Claviers". Der erste Takt[1])

beginnt zweistimmig; auf dem Höhepunkt erhebt er sich zur Vierstimmigkeit; am Schluß mäßigt er sich wieder zu drei Stimmen. Im Verlauf des Stückes herrscht die Vierstimmigkeit vor, nicht selten steigert sie sich aber zur Fünf- oder verringert sich zur Dreistimmigkeit und vor dem Schluß tritt noch eine mehrtaktige zweistimmige Stelle ein. Fürs erste wird niemand bestreiten wollen, daß Bach hier mit voller Absichtlichkeit die Stimmen mehrt oder mindert. Aber weshalb täte er das, wenn er nicht die in den Quantzischen Sätzen angedeutete Absicht hätte, wenn es ihm nicht um Schattierungen zu tun wäre? Es sind mit diesem Wachsen und Schwinden der Stimmen nichts anderes als dynamische Abstufungen angedeutet, und das Gleiche ist überall da der Fall, wo in der alten Klaviermusik Stimmen frei aufgenommen und wieder fallen gelassen werden. Da liegt der tiefere Grund für die scheinbar willkürliche Freistimmigkeit, die den Herausgebern alter Klaviermusik so viel Kopfzerbrechen gemacht hat.

Besonders zu beachten ist die Zweistimmigkeit, die, wie im Cis-moll-Präludium stellenweise, in der gesamten alten Klaviermusik häufig und durch ganze Stücke hindurch vorkommt. Sehr mit Recht hat man schon darauf hingewiesen, daß die zweistimmigen Sätze auf dem Pianoforte leer und unschön klingen und auf diesem der Ergänzung bedürfen, wenn man den Intentionen der Komponisten gerecht werden will.[2]) Anders verhält sich die Sache beim Cembalo. Hier klingt der zweistimmige Satz erträglich und jedenfalls viel voller und angenehmer als auf dem Pianoforte. Der Grund dafür liegt in der unvollkommneren Dämpfung. Infolgedessen sind namentlich die tiefern Töne viel obertonreicher. Die Zweiklänge verschmelzen sich besser, auch beim bloß zweistimmigen Spiel ist der Klang rauschend und erscheint deshalb voller als der an sich starke, aber scharf isolierte des Pianoforte. Die zweistimmigen Sätze in der alten Solo-Klaviermusik sind also für das Cembalo durchaus so gemeint, wie sie

---

[1]) Auch hier haben wir den schön nachhallenden Ton im Baß. Busoni a. a. O. läßt, in der Erkenntnis, daß auf dem Pianoforte etwas fehlt, so viel wie möglich Pedal eintreten, aber auch damit wird man der Farbe nicht gerecht. [2]) Am nachdrücklichsten ein erst neulich erschienener Aufsatz in der Neuen Zeitschrift für Musik. 1903. Nr. 42.

geschrieben sind. Abgesehen von der Erklärung aus dem Charakter des Instruments ergibt sich die Richtigkeit dieser Behauptung auch aus der vollen Absichtlichkeit verratenden Konsequenz, mit welcher die Komponisten überall den zweistimmigen Satz neben dem drei- und noch mehrstimmigen einführen. Etwas anders liegen die Verhältnisse bei dem häufig ebenfalls nur auf zwei Systemen zweistimmig notierten begleiteten Sololied. Hier wurde in den meisten Fällen auf die Praxis des Generalbaßspiels, also auf vollstimmige Begleitung gerechnet; immerhin war auch hier, wenn ein Dilettant es einmal bei der Zweistimmigkeit beließ, der Eindruck nicht so dürftig wie bei dem Pianoforte.

In der alten Klaviermusik Beispiele für die Verteilung von Licht und Schatten im Quantzischen Sinne zu finden, ist nicht schwer. Wo es sich um einen speziell auf das Klavier und nicht zugleich auch auf die Orgel berechneten Satz handelt, wird man überall auf sie stoßen. Bei deutschen Komponisten zum erstenmal in den Suiten von Froberger. Man sehe z. B., wie feine dynamische Unterschiede durch Stimmen-Mehrung und -Minderung in der Courante und der Sarabande der 17. Suite der Adlerschen Neuausgabe[1]) angedeutet sind. Ein überzeugendes Beispiel ist ferner Händels E-moll-Suite. Oder um noch eine Bachsche Stelle anzuführen, bei der mir jeder Widerspruch ausgeschlossen scheint, sei auf Takt 19—22 des B-moll-Präludiums im ersten Band des Wohltemperierten Klaviers hingewiesen, wo durch Mehrung der Stimmen von zweien auf neun doch sicher nichts anderes als eine große Steigerung angedeutet ist. Der Schlußakkord wurde hier wahrscheinlich, obwohl es nicht besonders vorgeschrieben ist, zur größten Kraftentfaltung mit Brechung von unten herauf angeschlagen. Daß Bach dieses Mittel, das Quantz für das Fortissimo empfiehlt, ebenfalls verwendet hat, weiß man aus seiner chromatischen Phantasie, ebenso daß er, namentlich zu vollklingenden Schlüssen, Oktavenverdoppelungen in der linken Hand gebraucht hat, aus der der genannten Phantasie folgenden Fuge, aus den deutschen Partiten u. a. m. Abschließend, um Mißverständnissen vorzubeugen, bemerke ich, daß ich nicht behauptet habe, man müsse überall, wo wenig Stimmen sind, „pianissimo", wo es deren viele hat, „fortissimo" spielen; soviel aber dürfte sich mit Sicherheit ergeben haben, daß in dem Wachsen und Schwinden der Stimmenzahl bei der alten Klaviermusik wertvolle Winke für die Dynamik, über die noch so viel Unklarheit herrscht, gegeben sind.

Noch ein paar Worte über den Gesamtcharakter des Cembalo und die Schätzung, die ihm zu seiner Zeit entgegengebracht wurde. Voran ist zu beachten, daß das Cembalo das Klavierinstrument einer Zeit war, die in der Spielmusik noch nicht in die Tiefen des Geistes hinabstieg, sondern selbst in der Orchester- und Kammermusik mehr nur erheiternde Anregung und Unter-

---

[1]) Denkmäler der Tonkunst in Oesterreich. Bd. VI.

haltung suchte. Was die Cembalomusik Tiefes und Erhabenes hat, wurde von der Orgel auf sie übertragen. Für die Franzosen bestand der Vorzug des Clavecins in seiner Geschwindigkeit (Beweglichkeit), Zärtlichkeit, Nettigkeit, Zierlichkeit.[1]) Deutsche Musikschriftsteller und ebenso Dichter preisen übereinstimmend seinen „Silberton". Marpurg[2]), der einmal mit Begeisterung für die neue Erfindung eines Bogenflügels eintritt, läßt doch sein Bedauern durchschimmern, daß ihm der „Silberklang eines gemeinen Flügels" abgehe. Und in der Tat der metallene Klang, der durch das Rauschen des Instruments noch einen gewissen vornehmen, feierlichen Anstrich erhält, hat seinen eigenen Reiz; weil von dem des Pianoforte gänzlich verschieden, läßt er sich damit auch nicht vergleichen. Auch für die Deutschen war das Cembalo vorwiegend anmutig und heiter. Hübsch drückt Schubart diese Auffassung in seinem Gedicht „Serafina an ihr Klavier" aus, wo es u. a. heißt: „Tanzende Docken, Töne wie Glocken, flößen ins Blut rosichten Mut." Aber auch erhaben und feierlich konnte das Cembalo sein. So singt Zachariae vom Spiel des Virtuosen Fleischer: „So wie im Tempel das Chor der unentheiligten Sänger ein Fest mit Halleluja begrüßt; und in dem Dom der Triumph der majestätischen Orgel von heiligen Tagen die Feier anhebt: so rauscht Akkord durch Akkord." Nie aber konnte unser Instrument zum Ausdruck der feinsten und zartesten Herzensregungen, der Melancholie und Empfindsamkeit, dienen und darum trat zur Zeit des „Werther" das zwar schon lange bekannte, aber doch bisher nur eine zweite Rolle spielende Clavichord, das sich dem subtilsten Ausdruck fügte, in den Vordergrund des Interesses.

II.

Das Clavichord hat bekanntlich die denkbar einfachste Mechanik. Wenn die Taste niedergedrückt wird, hebt sich deren Fortsetzung und schlägt mit einem Metallstiftchen unmittelbar die Saite an. Der Ton ist nur schwach, aber eben wegen der Einfachheit der mechanischen Konstruktion läßt er sich auf dem Clavichord auf das feinste, besser als auf jedem anderen Klavierinstrument abstufen und schattieren. Im Klangcharakter steht es dem Cembalo bedeutend näher, als dem Pianoforte, namentlich hat es die unvollkommnere Dämpfung und damit ein leichtes Rauschen, ferner einen metallenen, den „Silberton", mit dem erstern gemein. Von der Eigenart des Clavichords und von dem, was man in der zweiten Hälfte des 18. Jahrhunderts in ihm suchte, weiß man zur Zeit so wenig, daß es gerechtfertigt sein dürfte, die Charakteristik, die Schubart[3]) gibt, hier folgen zu lassen. Er sagt: „Clavichord, dieses einsame, melancholische, unaussprechlich süße Instrument, wenn es von einem Meister verfertigt ist, hat Vorzüge vor dem Flügel

---

[1]) Bollioud de Mermet: Versuch über den Verfall des guten Geschmackes in der Musik, übersetzt von F. W. Marpurg im „Krit. Musicus a. d. Spree" I. Berlin 1750, S. 337.
[2]) Hist. krit. Beiträge zur Aufnahme der Musik. Berlin 1754. I. S. 169. [3]) A. a. O. S. 288 ff.

und dem Fortepiano. Durch den Druck der Finger, durch das Schwingen und Beben der Saiten, durch die starke oder leisere Berührung der Faust, können nicht nur die musikalischen Lokalfarben, sondern auch die Mitteltinten, das Schwellen und Sterben der Töne, der hinschmelzende, unter den Fingern verstimmende Triller, das Portamento oder der Träger, mit einem Wort, alle Züge bestimmt werden, aus welchen das Gefühl zusammengesetzt ist. Wer nicht gerne poltert, rast und stürmt; wessen Herz sich oft und gern in süßen Empfindungen ergießt, — der geht am Flügel und Fortepiano vorüber und wählt ein Clavichord von Fritz, Spath oder Stein." Also auch dem Pianoforte ist für das empfindsame Herz ein Clavichord weit vorzuziehen. Allerdings, und das ist zu beachten, es muß von einem Meister, wie den berühmten Klavierbauern Spath oder Stein verfertigt sein. Schubart fügt noch bei, die Clavichorde hätten „heutigen Tags fast ihren Gipfel erreicht", sie seien von fünf bis sechs Oktaven, gebunden und ungebunden, mit und ohne Lautenzüge und, so schließt er „kaum scheint für den fühlenden Spieler diesem Instrumente noch eine Vollkommenheit mitgetheilt werden zu können." An einer andern Stelle sagt der gleiche Autor, sein Zeitgenosse Ph. Em. Bach sei „der Lehrer der Welt im Clavichorde". Sonderlich sei dieser der erste gewesen, der „Colorit in's Clavichord brachte, der das Schweben und Beben der Töne, den Träger, eine Art Mezzotinto, die Fermen, den Pralltriller, auch den Doppeltriller, nebst unzähligen andern Verzierungen des Clavichords erfand". Und wenigstens, was den eigenartigen Effekt der Bebung anbelangt, gibt der nüchterne Burney dem den Mund immer ein bischen voll nehmenden Schubart recht, indem er von dem Spiel Ph. E. Bachs sagt:[1] „Wenn er in langsamen und pathetischen Sätzen eine lange Note auszudrücken hat, weiß er mit großer Kunst einen beweglichen Ton des Schmerzens und der Klagen aus seinem Instrument zu ziehen, der nur auf dem Clavichord, und vielleicht nur allein ihm, möglich ist hervorzubringen." Wo Ph. E. Bach etwa einen solchen Ton des Schmerzens und der Klagen anbrachte, kann man am besten aus der zweiten Sonate des ersten Heftes der Sammlung „Für Kenner und Liebhaber" ersehen, wo er als „Bebung" vorgeschrieben ist. Er wurde dadurch hervorgebracht, daß man „mit dem auf der Taste liegenbleibenden Finger gleichsam wiegte". Auch aus den Schriften und Kompositionen Ph. E. Bachs selbst wissen wir zur Genüge, daß er das Clavichord besonders liebte und ihm einen besonderen Kultus widmete.

Nun muß man freilich nicht glauben, das Clavichord sei erst durch Ph. E. Bach in allgemeinern Gebrauch gekommen. Schon im Mittelalter bekannt, war es namentlich in Deutschland im 17. und 18. Jahrhundert verbreitet. Walther[2] nennt es „ein sehr bekanntes" und Mattheson[3] ein „vor andern beliebtes" Instrument. Der erstere meint, es sei „so zu reden aller

---

[1] Tagebuch. III. Bd. S. 212. [2] Musical. Lexikon. 1732, S. 169. [3] Neu eröffnetes Orchester S. 262.

Spieler erste Gramatica" und der letztere weiß auch schon den Vorzug von einem „guten Clavichordio" zu schätzen, der darin besteht, daß man „die Singart viel deutlicher, mit aushalten und adoucieren, ausdrücken kann, denn auf den allezeit stark nachklingenden Flügeln und Epinetten". Aber im ganzen wird man doch die Beliebtheit des Clavichords in der Zeit vor der Periode der Empfindsamkeit hauptsächlich auf äußere Gründe zurückführen müssen. Es wird seiner einfachen Mechanik wegen billig gewesen sein und war leicht zu transportieren und handlich. Begreiflich daher, daß man den musiklernenden Kindern zunächst ein Clavichord anschaffte.[1]) So machten der junge Goethe und seine Schwester die ersten Musikstudien auf einem Clavichord, als aber in Frankfurt selbst sich die Gelegenheit bot, schöne Friedericische Flügel zu erwerben, mußte Cornelia, die es als Mädchen in der Musik auf eine höhere Stufe bringen sollte, zu diesem vornehmen Instrument übergehen.[2]) Also hier ist noch nichts von jener schwärmerischen Verehrung des Clavichords, die wir oben kennen gelernt haben und die einige Jahrzehnte später allgemein war.

Erst Ph. E. Bach hat das Clavichord in den Mittelpunkt des Interesses gerückt. Fein gebildet und in dem literarisch regen Hamburg lebend, stand er mit den geistigen Strömungen der Zeit in Verbindung. Daß gerade er das Clavichord auf den Schild erhob, ist also nicht zufällig; er gab seiner Zeit in diesem das Mittel zum Ausdruck der Werther-Stimmung und hat sie in seinen Kompositionen für das Instrument selbst ausgedrückt. Dafür, daß man das Clavichord wirklich in diesem Sinne auffaßte, haben wir außer den angeführten Schubartschen Zeugnissen noch zahlreiche andere. Vor allem in den mannigfachen Gedichten, die damals auf das Klavier entstanden.[3]) Die sentimentalen Ergüsse von Gerstenberg, J. Th. Hermes, Loder, J. M. Miller, wo das beste, kleine, schmeichelnde, sanft klingende und tröstende Klavier, der sympathetische Gefährte der Einsamkeit verherrlicht wird, werden wir alle auf das Clavichord beziehen müssen. Und auch Lotte selbst kann nichts anderes als das Clavichord gespielt haben, wenn Werther von ihr sagt: „Sie hat eine Melodie, die sie auf dem Klaviere spielet mit der Kraft eines Engels, so simpel und so geistvoll . . . Wie mich der einfache Gesang angreift!" In Lotte Buffs Zimmer stand in der Tat ein Clavichord, wenn wir einer Abbildung „nach einer Zeichnung von Rare Rickelt" in Königs Literaturgeschichte[4]) Glauben schenken dürfen. Den deutschen Liedgesang in der

---

[1]) Daß hierbei nicht etwa pädagogische Gründe mitsprachen, geht aus Marpurgs „Anleitung zum Clavierspielen" S. 4 deutlich hervor. Auch Schubart verlangt wiederholt, daß man das Studium auf dem Cembalo beginne. Vergl. z. B. u. a. O. Die Lebensbeschreibung des Klavierspielers Eckard S. 236. [2]) Dichtung und Wahrheit. Viertes Buch. [3]) Vergl. M. Friedlaender: Das deutsche Lied im 18. Jahrhundert. I. Stuttgart und Berlin 1902, S. 379 ff. Außerdem gab es noch nicht komponierte von Zachariae, Schubart u. A. [4]) 24. Aufl. II. Bd. Bielefeld und Leipzig 1893, S. 19.

zweiten Hälfte des 18. Jahrhunderts werden wir uns hauptsächlich vom Clavichord begleitet zu denken haben. Der wahrheitsgetreue Chodowiecki z. B. zeichnet in den Illustrationen zu „Luise" von Voß ein Clavichord. Schubart[1]) verlangt für gewisse Lieder, namentlich für die Kompositionen der Klopstockschen Oden von Neefe, ausdrücklich die Begleitung durch das Clavichord. Das Clavichord war also in der Zeit der Empfindsamkeit bevorzugt und schwärmerisch verehrt. Früher hatte das Cembalo durchaus den ersten Platz behauptet, nun schien das Clavichord den Sieg davontragen zu wollen. Aber wie die Zeit, die das Clavichord auf die Höhe hob, nur eine Übergangszeit war, so vermittelte auch das Instrument nur einen Übergang — nämlich zum Pianoforte. Wie die Poesie und die Musik im allgemeinen von dem wirren Geniewesen und der Empfindelei zur klassischen Klarheit und wahren Empfindung, so drang die Klaviermusik von den rührenden, mondscheinfarbenen, blutlosen Tönen des Clavichords zu den zwar ebenfalls ausdrucksvollen aber kräftigen und klaren Pianoforteklängen vor. Mozart und Beethoven haben bekanntlich das Pianoforte durchgesetzt.

III.

Besonderes Eingehen erfordert noch die Stellung J. Seb. Bachs zu Cembalo und Clavichord. Ich habe oben seine Werke ohne weiteres für das Cembalo in Anspruch genommen. Dem steht entgegen, daß man bisher, gestützt auf eine Angabe Forkels, glaubte, das Clavichord sei das Lieblingsinstrument Bachs gewesen. Wie verhält es sich damit? Zunächst sei daran erinnert, daß der Bachbiograph Spitta[2]) wohl völlig zutreffend von Forkel sagt, dieser habe die tatsächlichen Überlieferungen und die Urteile der Bachschen Söhne von seinen eigenen Meinungen gar nicht getrennt und man dürfe deshalb keinen seiner Sätze ungeprüft lassen. Wir werden also auch die folgenden zu prüfen haben[3]): „Am liebsten spielte er (nämlich S. Bach) auf dem Clavichord. Die sogenannten Flügel, obgleich auch auf ihnen ein gar verschiedener Vortrag stattfindet, waren ihm doch zu seelenlos, und die Pianoforte waren bey seinem Leben noch zu sehr in ihrer ersten Entstehung, und noch viel zu plump, als daß sie ihm hätten Genüge thun können. Er hielt daher das Clavichord für das beste Instrument zum Studiren, sowie überhaupt zur musikalischen Privatunterhaltung. Er fand es zum Vortrag seiner feinsten Gedanken am bequemsten, und glaubte nicht, daß auf irgend einem Flügel oder Pianoforte eine solche Mannigfaltigkeit in den Schattirungen des Tons hervorgebracht werden könne, als auf diesem zwar tonarmen, aber im Kleinen außerordentlich biegsamen Instrument." Dagegen ist zunächst einzuwenden, daß Bach für seine herrlichen Suiten und für das Italienische Konzert das Clavicymbel nicht zu seelenlos war. Überhaupt erscheint der ganze Ton dieser

---

[1]) A. a. O. S. 118.   [2]) J. S. Bach I. Vorwort S. VIII.   [3]) J. N. Forkel: Über J. S. Bachs Leben, Kunst und Kunstwerke. Leipzig 1802, S. 17.

Ausführungen, die durchaus die Meinung Ph. E. Bachs und seiner Zeit widerspiegeln, verdächtig. Daß sich aber Ph. Emanuels Ansichten über das Klavier ganz und gar nicht mit denen seines Vaters decken, betont Spitta mehrmals mit Recht. Sodann ist es auffallend, daß in S. Bachs Nachlaß sich fünf Clavecins, und ein „Spinettgen"[1]) befanden, aber kein Clavichord. Sollte er kein Exemplar seines Lieblingsinstruments besessen haben? Und warum hat Bach, der noch in reiferen Jahren (1740) ein Lautenclavicymbel erfand[2]), seine Bemühungen nicht auf die Verbesserungen des Clavichords gerichtet, wenn dieses ihm so am Herzen lag? Diese Überlegungen müssen uns dazu führen, die Vorliebe S. Bachs für das Clavichord nicht allzu hoch einzuschätzen.

Mit Spitta[3]) hat man bisher im besondern die Inventionen und Sinfonien und das Wohltemperierte Klavier für das Clavichord in Anspruch genommen. Daß man nicht etwa aus dem Wort „Clavier", welches in den Titeln dieser beiden Werke vorkommt — die Inventionen sind „denen Liebhabern des Clavires" zugedacht — auf das Clavichord schließen darf, glaube ich oben nachgewiesen zu haben. Bei den Inventionen spricht der Umstand scheinbar für das Clavichord, daß Bach mit ihnen „am allermeisten eine cantable Art im Spielen" lehren will. Kantabel im modernen Sinn konnte man doch wohl nur auf dem Clavichord spielen. Aber auch dieser Grund verliert seine Kraft, wenn man der frühern Bedeutung des Ausdrucks nachspürt. Im Lexikon von Walther, dem Zeitgenossen Bachs, lesen wir: „Cantable heißet, wenn eine Composition, sie sey vocaliter oder instrumentaliter gesetzt, in allen Stimmen und Partien sich wohl singen lässet, oder eine feine Melodie in solchen führet." Der Ton liegt hier wohl auf „allen", d. h. cantabel bedeutete etwa so viel wie modern: selbständige, melodische Stimmführung. Und korrektes Spiel mehrerer selbständig nebeneinander herlaufender Stimmen, das hat wohl Bach in den Inventionen und Sinfonien, in denen im Gegensatz zum Klavierstil der Zeit die Zwei- und Dreistimmigkeit konsequent festgehalten ist, am allermeisten lehren wollen.

Bei dem Wohltemperierten Klavier hielt man die Bestimmung fürs Clavichord deshalb für wahrscheinlich, weil Bach darin das viergestrichene Des vermeidet. Aber nicht nur weil dieses den meisten Clavichords seiner Zeit gefehlt hat, sondern weil zu seinen Zeiten auch viele Clavicymbels und Spinetts gebaut wurden, die nur bis zum viergestrichenen C reichen, hat Bach offenbar das hohe Des vermieden.[4]) Damit ist also weder für noch gegen das Clavi-

---

[1]) Spitta a. a. O. II. S. 958. [2]) Ebenda I. S. 657. [3]) Ebenda I. S. 655 und I. S. 770. [4]) Die meisten Instrumenten-Museen besitzen um 1700 oder in den ersten Jahrzehnten des 18. Jahrhunderts gebaute Cembalos, die in der Höhe nur bis C reichen. Vergl. O. Fleischer „Führer durch die Sammlung alter Musikinstrumente". (Berlin 1902.) K. A. Bierdimpfl „Die Sammlung der Musikinstrumente des baierischen Nationalmuseums." (München 1883.) — V. Ch. Mahillon „Cat. du Musée instrumental du conservatoire royal de musique de Bruxelles" (Gand 1893 und 1900.) — Auch das historische Museum in Basel besitzt zwei Clavicymbels, darunter ein zweimanualiges und ein Spinett, ungefähr aus der Zeit Bachs, die ebenfalls nur bis C reichen.

chord etwas bewiesen. Gegen dieses aber scheint mir zu sprechen, daß bundfreie Clavichords in der ersten Hälfte des 18. Jahrhunderts allem Anscheine nach noch ziemlich selten waren und man gebundene Instrumente, d. h. solche, die für mehrere Töne nur eine gemeinschaftliche Saite besaßen, gar nicht „wohltemperiert", d. h. so, daß die Ausführung aller Tonarten möglich war, stimmen konnte. Und wenn wir auch ein bundfreies Instrument annehmen, so müssen wir doch für das „Wohltemperierte Klavier" am allermeisten Spitta[1]) zustimmen, wenn er sagt: „Das Idealinstrument, das Bach für seine Inventionen und Sinfonien, Suiten und Clavierfugen vorschwebte, war nicht ganz das Clavichord: zu wuchtig lasteten die aus der erhabenen Alpenwelt des Orgelreichs herabgebrachten Gedanken auf dem zarten Bau desselben." Darum wird man aber nicht weiter zu schließen brauchen, daß Bach, die Vorzüge des Pianoforte vorausahnend, gewissermaßen für dieses komponiert habe. Das Instrument, das Bachs Intentionen am besten verwirklicht, ist das Clavicymbel, und zwar wie mit Bezug auf Spittas eben zitierte Worte noch einmal betont sein möge, das orgelverwandte Clavicymbel. Dabei soll gar nicht geleugnet werden, daß einzelne Stellen in den Klavierkompositionen auf den nüancereichern Clavichords und Pianofortes ausdrucksvoller wiedergegeben werden können — wie am Ende einzelnes auch aus den Orgelkompositionen —, aber in ihrer Grundlage sind sie doch auf das Clavicymbel berechnet und werden auf diesem stets die beste Wirkung hervorbringen. Wenn das Clavicymbel wieder zur Grundlage des Bachspiels gemacht wird, wird man auch zu sichern Normen für den Vortrag kommen, die heute noch fehlen, und dann erst werden wir den Klavierkomponisten Bach ganz wiedergewinnen.

---

[1]) I. S. 655.

Zur Geschichte
des
italienischen Oratoriums im 17. Jahrhundert.

Von

Arnold Schering.

Der Ausgangspunkt des geistlichen Dramas mit Musik in Italien scheint Florenz gewesen zu sein. Seit Mitte des 14. Jahrhunderts nehmen hier die zu Ehren des S. Giov. Battista, Schutzheiligen der Stadt, aufgeführten Festspiele einen künstlerisch-dramatischen Charakter an. Unter dem gemeinsamen Titel *Rappresentazioni sacre* stehend behandeln sie legendarische Stoffe, Szenen aus dem alten Testament oder Episoden aus dem Leben Heiliger beiderlei Geschlechts, namentlich Bekehrungsgeschichten, alle reichlich mit weltlichen Aventiuren untermischt. Zusammenfassend sei bemerkt, daß diese von Ordensbrüdern verfaßten Stücke, deren Pflege sich fast ein Jahrhundert lang auf Florenz und seine engere Umgebung konzentrierte, in Versen gedichtet und einaktig waren, durchweg szenische Handlung und neben einem Prolog eine Licenza am Schluß besaßen. Die Aufführung geschah durch junge Leute unter großem szenischen Pomp in Betsaal und Kirche. Die Musik spielte in dreierlei Gestalt hinein, als Solorezitation, Chorgesang und Instrumentalbegleitung. Aus den stets mit großer Peinlichkeit gesetzten dramaturgischen Vorschriften läßt sich nachweisen, daß der Hauptteil dieser Dramen gesungen, besser: singend rezitiert wurde, teils ohne, teils zu hinter der Szene erklingender Instrumentalbegleitung.[1]) Da Niederschriften nicht üblich waren, fällt es schwer, den dabei zur Verwendung kommenden stilo recitativo des näheren zu charakterisieren. Er wird aus den Anfängen jenes *recitar cantando* bestanden haben, das noch Cavaliere — trotz Fixierung des Rezitativs durch Notenschrift — zur Ausführung seiner Rappresentazione di anima e di corpo bestimmt.[2]) Bei Volks-, Kriegs- oder Kirchenszenen tritt ein Chor zusammen, der mit Frottole, Kanzonen, Madrigalen, Kirchenliedern nach bekannten oder neuen Melodien in die Handlung eingreift.[3]) Eine wichtige Rolle spielen

[1]) Aless. d'Ancona hat eine Anzahl älterer Florentiner Rappresentationen herausgegeben (Sacre Rappresentazioni dei secoli XIV, XV e XVI, Firenze, Le Monnier, 1872) und diesen eigenartigen Kunstzweig in einer Monographie eingehend erläutert (Origini del teatro italiano, 1891).

[2]) „.... nuovamente posta in musica ... per recitar cantando".

[3]) Eins der wenigen nachweisbaren Dokumente für die hier einsetzende Musik liegt in einem Drucke im Liceo musicale zu Bologna vor: Musiche de alcuni eccellentissimi Musici, composte per La Maddalena, sacra Rappresentazione di Gio. Andreini Fiorentino. Stampa del Gardano, Venetia 1617. Der Inhalt besteht aus Chorsätzen mit Instrumentalbegleitung von Monteverdi, Muzio Effrem u. a.

dabei die *Laudi*, Lobgesänge, die — schon früh unter diesem Namen üblich — hier im Verlaufe, am häufigsten am Schluß der Stücke auftreten und neben Gebeten und Ermahnungen Lobpreisungen des Märtyrertums enthalten, ähnlich wie die Schlußchöre späterer Oratorien. Erst von der Mitte des 16. Jahrhunderts ab treffen wir in bekannten Sammlungen der Razzi, de Langa, Animuccia, Palestrina auf gedruckte Laudi. Wo Originalweisen fehlten oder nicht zur Hand waren, griff man nach weltlichen, half sich also wie schon Savonarola, auf dessen strenge Sittenpredigten wohl ein gut Teil der hier zum Ausdruck kommenden Ideen zurückgeht.

Nach alledem sind die Fäden nicht schwer zu finden, die sich von Florenz, der Heimat der Rappresentationen, hinüberspannen zu Filippo Neris römischen „Oratorien". Neri und sein Hauskomponist Animuccia waren beide als Jünglinge aus Florenz nach Rom gekommen. Ohne Zweifel trugen sie die musikdramatischen Schaustücke ihrer Vaterstadt im Sinne, als sie sich zur Einrichtung jener bekannten oratorischen Übungen (esercizij spirituali) daselbst zusammentaten, ging doch sogar die Gründung der Chiesa nuova mit dem ersten Oratoriensaal auf Anregungen der in Rom weilenden Florentiner Gemeinde zurück, deren Oberleitung Neri 1564 übernahm. Der durch Zeitgenossen verbürgte sensationelle Erfolg seiner Übungen wird, wie man annehmen muß, einerseits von dem den Römern in dieser Umgebung fremden dramatischen Element, anderseits von der allen verständlichen Diktion in der Landessprache ausgegangen sein. Gewisse in Rom waltende patriarchalische Verhältnisse mögen Neri dabei manche Beschränkung auferlegt haben, so die Reduzierung des großen Florentiner Bühnenapparats auf Dialogform und Vermeidung zerstreuender Nebenszenen. Die dramatische Fassung und die Verwendung der Laudi aber ging von den Florentiner Darstellungen auf die seinen über. Ein zweites kam hinzu. Neri verkehrte in Rom nachweislich mit Ignatius von Loyola. Sofort dringen jesuitische Einflüsse ins „Oratorium": Allegorien, die in Florenz von Anfang an ausgeschlossen waren, beginnen sich breit zu machen, das dulcis nomen Jesu erscheint zugleich mit der Vignette der „Gesellschaft Jesu" bald auf allen Laudisammlungen und immer häufiger geben Jesuitenkirchen und Seminare den Schauplatz ab für geistliche Stücke. Geborene Dramatiker, wie sie sich in späteren Jahrhunderten auswiesen, werden die Jesuiten nicht gezögert haben, den ihnen höchst willkommenen von Neri angeregten Dialogen strengere dramatische Fassung zu geben, erwägend, daß Proselytenmachen nirgends leichter sei als unter dem Deckmantel überzeugender, realistischer Dramatik. — Im Jahre 1597 kam wiederum ein musikbegabter Edelmann aus Florenz nach Rom und verstand, maßgebende Kreise für das in seiner Heimat geübte Monodie-Ideal der Galilei, Striggio, Strozzi zu interessieren. Als Mischprodukt heimisch-florentiner und römisch-jesuitischer Eindrücke ging aus Emilio del Cavalieres Händen die bekannte, 1600 bei den römischen Oratorianern aus der Taufe gehobene Rappresentazione „von der

Seele und dem Leibe" hervor.[1]) Florenz allein wurde sonach Schöpferin des weltlichen Musikdramas, mit Rom zusammen der geistlichen Oper.

Es ist die Vermutung ausgesprochen worden, Cavalieres Rappresentazione hänge nicht unmittelbar mit Neris laudi-durchsetzten Oratorienakten zusammen. In der Tat läßt sich die Geschichte des italienischen Oratoriums im 17. Jahrhundert nur verstehen, wenn man annimmt, daß die Florentiner Rappresentationen zwei Ableger hatten, einmal den dem konzertierenden Vokaldialog zugewandten und mit Predigt untermischten Nerischen Typus, das andre Mal den streng dramatisch aufgebauten, szenischen des Cavaliere, eine Doppelteilung, die sich bis ans Ende des 17. Jahrhunderts verfolgen läßt. Häufig genug trifft man nach 1600 auf direkte Einflüsse der alten Rappresentationenkunst, z. B. in dem 1615 in Bologna anonym erschienenen poemetto drammatico „Il seno d'Abramo" mit Gesängen und Instrumentalstücken, dessen Text und Struktur sich unmittelbar Florentiner Vorbildern anschließen, in der dreiaktigen „Giuditta" des Lorenzo Guidotti (Bologna 1621), der fünfaktigen „Santa Orsola" des Gagliano (Florenz 1625), in Steffano Landis „S. Alessio" (Rom 1634) und zahlreichen andern. Noch in Giov. Batt. Bassanis teils gesungenem, teils rezitiertem Oratorium „Il conte di Bacheville" aus dem Jahre 1696 — eine Bekehrungsgeschichte mit Hirten- und Türkenchören, eingeschobenen „balli" und Sinfonien — bricht offenkundig Florentiner Dramaturgie durch.[2]) Nicht ohne Grund schrieb der Komponist es für die Brüder des Oratorio di S. Filippo Neri zu Florenz, über deren rege Tätigkeit im letzten Drittel des Jahrhunderts zweiundzwanzig von Chrysander gesammelte Textbücher in der Hamburger Bibliothek Kunde ablegen.

Fühlbarer jedoch als dieser alte Rappresentationen-Stil macht sich im 17. Jahrhundert Neris Originalprinzip: der von Chören begleitete dramatische Dialog. Um 1640 etwa schrieb der römische Jesuit Loreto Vittori für die Nerische Chiesa nuova „Dialoghi sacri e morali". Die Stücke lagen mir nicht vor, doch werden sie keine erheblichen Abweichungen gezeigt haben von Dialogen, welche in einem „Settimana santa Oratorii" bezeichneten römischen Handschriftenbande in Bologna stehen, Kompositionen, die wiederum mit 1657 edierten „Canzonette spirituali e morali, che si cantano nell'Oratorio di Chiavena, eretto sotto la protettione di S. Filippo Neri" des Carlo Franc. Rolla verwandt sind. Ganz deutlich wird die Praxis in Maurizio Cazzatis 1668 zu Bologna veröffentlichten „Diporti spirituali per Camera, o per Oratorii", wo man außer geistlichen Sologesängen kleinen, auf verschiedene kirchliche Feste geprägten Oratorien für zwei bis vier Personen begegnet. Bisweilen symbolisch gefaßt,

---

[1]) Ihr war 1591 eine von S. Tuballino gedichtete „Rappresentazione delle vittorie della Chiesa contro il Mondo, la Carne e il Demonio" vorausgegangen (Allacci, Drammaturgia).

[2]) Auch Loreto Vittoris „Santo Ignatio di Loyola" wurde teils rezitiert, teils gesungen. cf. H. Goldschmidt, Studien zur Geschichte der italienischen Oper im 17. Jahrhundert, Leipzig, 1901. S. 70.

nimmt das Oratorium eine der Oper äußerlich identische Gestalt an. Vorher taucht der Testo selbst in einem so stark mit Bühneneffekten gewürzten Oratorium wie der „Rosinda" des C. Polarolo auf, wo ihm obliegt, die galanten Abenteuer der nachmaligen Heiligen mit den Moralpredigten der auftretenden symbolischen Gestalten zu verknüpfen. Im „S. Alessio" des Pasquini, im „S. Grisostomo" des Stradella erzählt er umständlich den Lebenslauf der Helden, im „S. Venzeslao" des Draghi die politischen Zustände Böhmens, in Pallavicinis „Trionfo della castità" die Schicksale der verbannten Genofefa vor dem Eingreifen der Handlung usw.

Ziemlich konsequent pflegt der Testo zu fehlen, wo der Dialog von oder mit allegorischen Figuren bestritten wird — aus gutem Grunde, denn hier war er überflüssig — oder wo die sehr einfache Handlung zwischen drei oder vier Personen sich entweder unmittelbar aus Rede und Gegenrede ergibt oder von frommer Betrachtung getragen wird (Passionsszene, die drei Marien am Grabe etc.).

Ist hiermit die bisher den Oratorien Carissimis zugeschriebene Sonderstellung unter ihresgleichen im Punkte des Historikus aufgehoben, so zeigen gleichzeitige Arbeiten anderer römischer Tonsetzer auch in der musikalischen Faktur und in der Anwendung des Lateinischen Verwandtschaft mit Carissimis Schöpfungen. Diese waren, wie aus der Lebensstellung ihres Autors zu beweisen möglich, für die kirchlichen Feste des Jesuitenordens, folglich in lateinischer Sprache, geschrieben. Aus der lateinischen Diktion, die ein rasches Dahingleiten der Rede und häufigen Notenwechsel ausschloß, ist offenbar der Unterschied der Carissimischen Ausdrucksweise vom Rezitativ- und Arienstil der gleichzeitigen Oper zu erklären: die fehlende Zungenbeweglichkeit wird durch das Ausbeuten des melodischen Elements ersetzt und dabei unbewußt der verwandte liturgische Formelschatz gestreift. Dieselben Konsequenzen zogen zwei gleichaltrige Kollegen Carissimis, Francesco Foggia († 1688) und Bonifazio Gratiani († 1664), beide ebenfalls Jesuitenkapellmeister, ersterer in den Oratorien „Tobia" und „David fugiens a facie Saul", letzterer in „Ada" (= Adam) und „Filius prodigus", die sich alle vier als ebenbürtige Geschwister der Carissimischen Oratorien ausweisen sowohl durch die leichte, anmutige, oft ariose Behandlung des Rezitativs und des Chors, der auch hier gern in flatternden Rhythmen (gaudete, cantate) einherspringt, wie in der Herübernahme des Historikus (Textus) und gewisser wiederkehrender Melodieformeln.[1]) Foggia steht Carissimi insofern näher, als seine Oratorien einaktig sind, während Gratiani bereits die Doppelteilung bevorzugt. Die vier Stücke bergen Züge von überraschender Ausdruckskraft und zeichnen sich durch reichliche Verwendung der Instrumentalmusik aus.

---

[1]) Enthalten in dem bereits zitierten Handschriftenbande in Bologna, der auch Kompositionen von Carissimi, Froberger, C. Manelli, della Viola u. a. aufweist.

Vorläufig gelang es mir, nur diese beiden Tonsetzer als der Zeit und Umgebung nach Carissimi am nächsten stehend aufzufinden. Sie scheinen über seine Hauptrivalen auf diesem Gebiete gewesen zu sein. Schon ein Zeitgenosse, der Mönch Berthold Spiridione, nennt sie mit Carissimi in einem Atem.[1]) Ist aber die Allgemeinheit ihres Oratorientypus einmal nachgewiesen, dürfte es nicht schwer fallen, weitere Belege festzustellen. Denn daß die römischen Jesuitenkomponisten den einmal beschrittenen Weg weiter verfolgten, bezeugt eine von Ademollo[2]) gegebene Statistik aus dem Ende des Jahrhunderts, in der neben Foggia auch Pitoni und A. Scarlatti vertreten sind. Die weitschweifigen, an die Doppelüberschriften der gleichzeitigen Jesuitenkomödie gemahnenden Titel der hier genannten Stücke deuten freilich auch auf das mehraktige, dialoguntermischte Jesuiten d r a m a mit Musik, wie es z. Z. außerhalb Roms, in Wien und München, gepflegt wurde und in J. K. Kerlls „Pia et fortis mulier in S: Natalia . . . expressa" als Typus erscheint. M. A. Charpentier, Kapellmeister bei den Jesuiten in der rue Saint-Antoine in Paris[3]), verpflanzte das Oratorienideal seines Lehrers Carissimi nach Frankreich. Wenn es hier trotz des in der Folge ziemlich schwachen Interesses der Franzosen fürs Oratorium einigermaßen festen Boden gewann, so wird der Grund eben in seiner Bestimmung als Jesuitenstück zu suchen sein: Kunstpflege und Organisation blieben innerhalb des Ordens uniform, d. h. wurden von der Zentrale Rom aus geleitet.

Von germanischen Landen akzeptierte zunächst Österreich und seine Kapitale Wien das Jesuitenoratorium in dieser Gestalt. Hier, am Kaiserhofe, fand es im Prunk und Luxus der Residenz, in der Vorliebe des Hofes für Oper und Konzert, Virtuosen und Virtuosinnen, sofort starke Konkurrenz. Wollte es sich auf die Dauer halten, so mußte eins fallen: die unpopuläre lateinische Sprache; für sie tritt das höfische Italienisch ein. Außerdem sicherte es sich ein für allemal den Charfreitag als Aufführungstermin. Wie überall in katholischen Landen bestand auch in Wien die uralte Sitte, an diesem Tage der versammelten Gemeinde eine plastisch-bildliche Darstellung der Grabesszene zu geben, ein Brauch, der sich bis heute erhalten hat. Erweiterte sich aber in Italien das Fest des „santo sepolcro" bald dahin, daß auch Oratorien allgemeineren Inhalts zugelassen wurden, so gruppierte sich in Wien unter Einfluß jesuitischer Kreise eine eigene dramatisch-musikalische Oratorienliteratur um diesen Tag, die — obwohl bekannt — eine angemessene monographische Darstellung noch nicht erfahren. Den hierher gehörigen reichen Schatz an Partituren besitzt die Hofbibliothek zu Wien. Soviel ich sehe, beginnt das

---

[1]) „Musica Romana D. D. Foggiae, Carissimi, Gratiani aliorumque excellentissimorum autorum etc." Bamberg 1665.

[2]) I teatri di Roma nel secolo decimosettimo, Roma, 1888. S. 251 f.

[3]) M. Brenet, „Les oratorios de Carissimi", in der Rivista musicale italiana, 1897, Vol. IV, S. 479.

Sepolcro-Oratorium seine Blütezeit mit Leopold I., der, selbst ein Zögling der Jesuiten, 1660 mit einem „Sagrificio d'Abramo" hervortrat.[1]) Die Vorführung geschah nachmittags oder abends in der kaiserlichen Familienkapelle, einem kleinen Raume mit umfangreichem Altarplatz und einer einzigen Chornische, in Gegenwart der Majestäten, „dum consueta pietate sacra Christi sepulchra inviserent", wie lateinische Titel besagen. Nach der meist von allen Instrumenten gespielten Einleitungssinfonie wurde ein Vorhang fortgezogen, welcher den Prospekt auf die festlich geschmückte Grabkapelle, den Raum beim Abendmahl, die Wüste Patmos oder auf ein anderes, der Passionsgeschichte entlehntes Milieu eröffnete. Die Singenden traten nach einander vor; Szeneneinteilung ist mitunter angemerkt, Szenenwechsel fehlt. Die Stoffe, mit großem Spürsinn den Details der Passion entnommen, weisen, da diese nahezu die einzige Quelle blieb, bei zunehmenden Wiederholungen arge Geschmacklosigkeiten auf. Sensation, Mystik und Apokalypse gehen seltsame Mischungen ein, namentlich bei Nicc. Minati, welcher als Hauptpoet an der Spitze steht. Viele seiner Texte sind innig und rührend; stark vergriffen hat er sich z. B. in „Il libro con sette sigilli", wo Wirklichkeit und Allegorie nach Jesuitenrezepten bunt ineinandergreifen, neben dem Täufer die „Liebe dessen, der des Heilands Blöße deckt", die „Hilfe des Kyreners", der „undankbare Haß des Malchus" usw. in persona auftreten. An Spiel und Gegenspiel fehlte es natürlich innerhalb der heiligen Gesellschaft, daher denn weder eine geschlossene Handlung noch ein „Drama" vorliegt. Den Mittelpunkt bildet jedesmal die fromme Betrachtung im Stadium des Todesschmerzes oder des Entzückens. Hauptträgerin derselben ist die beata vergine, welche, zugleich trauernde Mutter und hilfsbereite Bitterin, oft Magdalena, die bekehrte Büßerin, und die heilige Veronika im Gefolge hat. Beliebt sind außerdem Petrus, Johannes, der Centurio Longinus, der personifizierte Padre eterno mit dem Amore divino, der Misericordia oder Giustitia. Das Ganze läuft ziemlich einseitig auf Rührung hinaus, ein „sù, sù al pianto" fordert schließlich den zerknirschten Sünder zur Buße auf. In mehr als hundert Variationen wird der unerhörte Selbstopferungstod und endliche „Trionfo" Christi den Hörern zu Gemüte geführt, wobei selten Marias herzzerreißende Klagen ihre tränenlösende Wirkung versagt haben mögen.

Das Wesentliche dieser als intime Familienfeiern anzunehmenden Oratorien — der Kaiser selbst spielte zuweilen als Violinist mit — besteht in ihrem Reichtum an Ensemblesätzen, die, oft nur wenige Takte lang, neben eindrucksvollen Arien im venetianischen Opernstil von ungemein feierlicher Wirkung sind. Rauschende Sinfonien, Sonaten und feinsinnige Begleiteffekte

---

[1]) Bruchstücke aus diesem wie aus anderen Oratorien Leopolds I. in den von G. Adler herausgegebenen österreichischen Kaiserwerken, Bd. II. Ein handschriftliches Exemplar (Autograph?) des „Sagrificio", in welchem die in den drei stattgehabten Aufführungen mitwirkenden Sänger (darunter M. A. Cesti) verzeichnet sind, besitzt die Großherzogliche Hofbibliothek Schwerin.

würzen das Ganze.¹) Der Eindruck mag um so tiefer gewesen sein, als eine Ablenkung des Hörers durch szenische Vorgänge fortfiel. Unerwartete Kreuzeserscheinungen am Schlusse in Form einer Apotheose besiegelten häufig die einmal hervorgerufene Stimmung. Ausgezeichnetes im Malen von Seelenzuständen leisteten neben Leopold I. Draghi, der am meisten vertretene Autor, Bertali, Pederzuoli, Pusserini, Sances. Ein Testo wird nur dort benutzt, wo der Rahmen des betrachtenden Dialogs überschritten wird und „historische" Begebenheiten in der Art des „großen" Oratoriums zugrunde liegen, ein immerhin seltener Fall. Mit der Zeit freilich treten auch die stillen Sepolcro-Stücke aus ihrem bescheidenen Umfange heraus und nehmen die Errungenschaften des großen Oratoriums, Bravourarien und glanzvolle Instrumentalnummern, auf. Caldaras und Fux' Oratorien aus dem ersten Drittel des 18. Jahrhunderts zeigen bereits die neapolitanische Opernfassung, dienten aber auch immer zur Verherrlichung des Sepolcro-Festes, das mit den veränderten Zeit- und Kunstverhältnissen das ursprüngliche szenische Beiwerk eingebüßt und den Charakter einer rein musikalischen Andachtsfeier angesichts des dekorierten „Grabes" angenommen hatte. Übrigens existierten neben den italienischen noch lateinische Sepolcro-Oratorien aus der Feder jesuitischer Hauskomponisten — darunter des begabten Bernhard Staudt —, die sich von jenen durch strengeres Allegoriewesen, sprödere, durch das Lateinische bedingte Tonsprache und eine auf Jesuitendramatik basierende Einteilung in „Introductionen" mit Epilog unterscheiden. Oratorien dieser Art kultivierte man auch früh in München, jener zweiten großen Pflanzstätte des Jesuitismus außerhalb Italiens.

Die Wiener Sepolcro-Oratorien — ein Beispiel aus späterer Zeit ist Hasses für Venedig komponierte sacra Isagoge „Sanctus Petrus et Sancta Maria Magdalena" — bildeten einen Zweig des italienischen Volloratoriums. Dies fand im Lande selbst eifrige Pflege, die eifrigste — wie es scheint — durch den Neri-treuen Orden der Philippiner. Einer alten Statistik zufolge²) treten sie seit 1660, wenigstens in Bologna, führend auf. Florenz erscheint erst später äußerst rührig, es konnte fürs erste seine Rappresentationen nicht vergessen. Ähnlich Modena, für das Stradella mehrere seiner Oratorien schrieb. Rom tritt bald, nachdem es mit der geistlichen Oper sein Glück gemacht, in Oratoriendingen zurück und interessiert sich lebhafter für die unverfälschte Jesuitenkomödie mit Musik, während wiederum Venedigs Musiksinn bis zur Jahrhundertwende hinlänglich von der Oper absorbiert wurde, um dauernd

---

¹) Daß man dabei wohl Bedacht nahm auf den Charakter und die Ausdrucksfähigkeit der Instrumente, zeigen neben gelegentlichen Hinweisen in den Wiener Partituren Vorschriften in dem 1645 in erster, 1689 in zweiter Auflage erschienenen Münchener Jesuitenstück „Philothea", wo für Christus und die Engel Violinen, für die Misericordia, Clementia und trauernde Seele Violetten, für den Mundo und die fröhliche Seele Cornets, für Christus als Rächer und die Justitia Posaunen als Begleitinstrumente gefordert werden.

²) Kirchenmusikalisches Jahrbuch für das Jahr 1901, S. 50 ff.

Zuneigung zu einer halb epischen, halb dramatischen Musikgattung zu fassen.
In Bologna wars der hohe Adel, der dem Oratorium seine Säle öffnete. Eine
große Anzahl Stücke erfuhren ihre Premièren in Privathäusern. Der Reichtum
an selbständigen Ordensbrüderschaften, den Modena als vorwiegend Fürsten-
residenz entbehrte, läßt hier eine umfangreiche Oratorienliteratur entstehen, die
bis auf wenige Exemplare so gut wie verschollen und nur durch Textbücher
zu belegen ist. Durchschnittlich bringt jedes Jahr drei bis vier, auch fünf
Stücke. Manara, Cazzati, Cossoni, Arresti, Colonna, Perti, Laurenti, Dom.
Gabrielli, Albergati stellen das Hauptkontingent, während im nahen Modena,
unter dem kunstfördernden Franz I., B. Ferrari, Stradella[1]), Giov. Batt. Vitali
der Geiger, Clem. Monari, Vinc. de Grandis, G. B. Gigli, A. Giannotti, Giov.
Bononcini sich in noch erhaltenen Schöpfungen als Meister im erhabenen
Oratorienstil dokumentieren.

In Italien galt das Oratorium keineswegs nur als Charfreitagsstück,
sondern taucht auch bei Heiligenfesten z. B. am Cäcilientage, am häufigsten
allerdings in der Fastenzeit auf, wo weltliche Feiern untersagt waren. Nach
dem Vorwort in Cazzatis „Il Zelante difeso" (1664) fanden in Bologna geistliche Übungen mit Oratorienschmuck an allen Fastensonntagen und am dritten
jeden Monats statt. Sehr oft diente es als Umrahmung des Prüfungsakts
junger Geistlicher („per l'esame delle Classe", „per introdurre l'esame di detta
Dottrina"), jedesmal durch die Predigt in zwei Hälften geteilt. Auf szenische
Darstellung wurde, wie erwähnt, verzichtet. Der Textdichter von Dom. Gabriellis
„Elia sacrificante" verwahrt sich ausdrücklich gegen die Auffassung seines
Werks als opera drammatica und weist darauf hin, daß das szenische Beiwerk
in einer sacra rappresentazione nur dazu diene, die Geschichte anmutig zum
Verständnis zu bringen (puramente esprimere la sola storia). Oft genügte der
Anblick eines Heiligenbildes, das Publikum in die gewünschte Stimmung zu
versetzen; bisweilen fiel am Schlusse eine Hülle und zeigte eine jener aus der
Plastik der Zeit genugsam bekannten strahlenden Allegoriesceneu. Natürlich
war damit eine gewisse dramatische Auffassung der Rollen durch den Einzelnen nicht ausgeschlossen. Es verdient aber immer wieder nachdrücklich
hervorgehoben zu werden, daß das Volloratorium dieses Zeitraums ein völlig
selbständiges Gebilde ist und nicht verwechselt werden darf mit der gleichzeitigen Oper mit geistlichen Stoffen, etwa mit der Allegorie- oder
Märtyreroper der Agazzari und Kapsberger, welche direkt an Cavalieres Prinzip
anknüpft und ebensowenig wie dessen Rappresentazione und spätere geistliche
Opern dem doppelteiligen, gottesdienstlichen Oratorium zuzurechnen ist.

---

[1]) Außer den bei H. Kretzschmar, Führer durch den Concertsaal II. 2, S. 10
angeführten Oratorien Stradellas besitzt die Biblioteca Estense zu Modena noch eine
„Ester, liberatrice del popolo Ebreo" und eine „Santa Edita vergine e monaca" seiner
Komposition.

Ein Charakteristikum des letzteren machte der Chor aus. Ist einmal die Ableitung des Oratoriums (als cyklische Form) aus dem geistlichen Vokalkonzert zugestanden — und Carissimis motettenhafte „oratoires" sprechen dafür — dann war er sogar der primäre Bestandteil, dem sich der verbindende Sologesang, die oratio, als sekundärer beiordnete. Den Chor als Schlußstück am Szenenende zu benutzen, war schon in den ältesten Rappresentationen Brauch. Nachdem der musikalische Dialog sich ausgebreitet, weist das Oratorium ihm aufs neue gern das Schlußwort zu, ohne damit auf sein Eingreifen im Verlaufe der Handlung zu verzichten. Gleichsam die Licenza darstellend, entläßt er die Hörer mit frommen Ermahnungen. Als Schema für Schlußchöre bleibt bis ins 18. Jahrhundert die zweiteilige Form üblich: ein homophon oder mit Imitationen eingeleiteter Anfangsteil mit Halbschluß leitet zur Fuge über, deren Text die Moral des Ganzen noch einmal in Schlagworten kurz zusammenfaßt. Chöre pflegen dort zu fehlen, wo weniger als vier Interlocutori beschäftigt sind, also in jenen stillen Oratorien, wo Allegorien z. B. Virtù und Vanità um das Heil einer armen Seele streiten oder Kontemplation vorherrscht. Selten wird mit einer Arie oder einem Recitativ geschlossen. Den Chor dramatisch eingreifen zu lassen, versäumen nur wenige Nachfolger Carissimis, namentlich bieten Pasquini, Bassani, Vitali, Bononcini, Ariosti Chorszenen, deren Technik eines eigenen Studiums würdig wäre. In den Sologesängen der älteren Zeit herrscht die den Tripeltakt bevorzugende Strophenarie; mit Dom. Gabrielli, Monari, de Grandis, also in den achtziger Jahren, kommt bereits die Da-capo-Arie in Aufnahme. Überhaupt schließt sich das Oratorium in der Formengebung unmittelbar an die gleichzeitige Oper an und macht alle inneren Entwickelungsstadien dieser mit. Liebesszenen, Addio-Duette, Kriegs- und Furienchöre, Geisterbeschwörungen à la Cavalli, alles das taucht — meist in verfeinertem Maße — auch im Oratorium auf, obwohl dessen eigenste Domäne im Ausdruck des Psychischen die Klage blieb. Das Beste sparte der Tonsetzer sich für den obligaten Piantosatz auf und verfehlte nicht, den inzwischen zur Blüte gelangten Konzertstil ergiebig dabei zu verwerten. Schon in den Texten der sechziger Jahre wird selten vergessen, beim Beginn der Teile auf die artificiosissima oder bellissima Sinfonia hinzuweisen. Anfangs einsätzige, ausdrucksvolle Tonstücke, nehmen sie bald den venetianischen, bald den dreisätzigen Ouverturencharakter an. Zieht man neben häufig erscheinenden Programmsinfonien innerhalb der Stücke das in ungezählten Kombinationen sich ergebende Begleitelement in Betracht, so ergibt sich ein erstaunlicher Reichtum an Einzelbildungen. Unter den Händen der Großen werden diese Oratorien zu Dokumenten eines intensiv und innig empfindenden Zeitalters, dessen Grundtendenz trotz kirchlicher Abstinenzpredigten der vornehme künstlerische Sinnengenuß blieb. Mögen Verführungsszenen, Märtyrerqualen, Bekehrungen, Wunder, Allegorien zugrunde liegen — ein Rundgang durch italienische Kirchen liefert Analoga aus

der darstellenden Kunst —, stets bildet der Triumph der starken Seele
über Bosheit und Verführungstücke und damit die Gewinnung der Aureole
Grundkern und Moral der Oratorien. Aber schon gegen Ende des 17. Jahrhunderts bereitet sich der Übergang im Stoffgebiet von der Heiligengeschichte
zur biblischen Geschichte vor in zunehmender Vorliebe für die Darstellung
der Passion in ihren drei Stadien Verhör, Verurteilung, Kreuzigung, und
einzelner Details aus dem Leben Christi (Weihnachtsoratorien, Christus in der
Wüste, im Tempel etc.), Fäden, die dann Zeno und Metastasio aufnehmen
und weitergeben.

Zur Entstehungsgeschichte
von
Haydns „Sieben Worten des Erlösers am Kreuze"

Von
Adolf Sandberger.

Vor einiger Zeit wurde mir aus Passau ein heute zum Musikschatz der dortigen Studienkirche gehöriges Notenmanuskript zur Begutachtung übersandt. Von dieser Handschrift und ihrer Bedeutung für die Entstehungsgeschichte der Haydn'schen sieben Worte handeln die nachfolgenden Zeilen; die Auffindung danken wir Herrn Chordirektor und Gymnasialmusiklehrer J. Kroiß in Passau. Möge das Beispiel, das Herr Kroiß mit dem Verfahren gibt, alte Notenbestände in unseren Kirchen nicht als unnütz anzusehen, sondern zu ordnen, zu katalogisieren und gegebenenfalls einen musikwissenschaftlich geschulten Kollegen zu befragen, allgemeinste Nachahmung finden.

Was wir über die Entstehungsgeschichte von Haydns Werk aus zeitgenössischen Mitteilungen wissen, geht zu einem Teil auf die kurze, von Griesinger verfaßte Einleitung zurück, welche der Meister Partitur und Klavierauszug des neugestalteten Werkes voranstellte[1]); zum anderen Teil auf sonstige Mitteilungen des Meisters an Dies, Griesinger und Neukomm. Als Verfasser des von Haydn bei der Umarbeitung seiner „Passione instrumentale" zu einem begleiteten Vokalwerk[2]) benutzten Textes nennt Griesinger[3]) einen Passauer Domherrn. Neukomm erzählt, daß der Passauer Hofkapellmeister Singstimmen zu dem Instrumentalwerk gesetzt habe; auf der zweiten Rückreise aus England habe Haydn diese Arbeit in Passau kennen gelernt. „Haydn war mit der

---

[1]) „Es sind ungefähr 15 Jahre, daß ich von einem Domherrn in Cadix ersucht wurde, eine Instrumentalmusik auf die sieben Worte Jesu am Kreuze zu verfertigen" u. s. f. Nach der in Cadix bestehenden Tradition war dieser Domherr der Abbé José Saenz de Santamaria, Marquis de Valdeiñigo, der auch einen dem Leiden Christi besonders geweihten Betsaal „La Cueva" in Cadix eingerichtet hatte. (Freundliche Mitteilung des Herrn Diözesan-Archivars Manuel Zazurca in Cadix.)

[2]) Haydn nennt es Oratorium, eine Bezeichnung, welche nur in gewissem Sinne berechtigt ist. Vergl. Kretzschmar, Führer durch den Concertsaal (2. Aufl. II. 1, S. 121).

[3]) Griesinger führte auch die Korrespondenz mit Härtel bezüglich der neuerlichen Drucklegung von Haydns Werk. Abschriften derselben verdanke ich den Herrn Breitkopf & Härtel in Leipzig. Die Verhandlungen begannen im Juli 1800, Haydns Honorar belief sich auf 100 Dukaten. Den Text der Vorrede verfaßte Griesinger; nachdem ihn van Swieten revidiert hatte, zeichnete Haydn am 25. März 1801. Die italienische Übersetzung besorgte der Wiener Advokat Sarchi (nicht, wie Neukomm angibt, Carpani); durch allerlei Zwischenfälle verzögerte sich die Drucklegung bis in die zweite Hälfte des Jahres.

Aufführung zufrieden, setzte aber dieser seiner Erzählung (mit seiner gewöhnlichen Bescheidenheit) ganz einfach bei: „Die Singstimmen, glaube ich, hätte ich besser gemacht." Gleich bei seiner Ankunft in Wien unternahm und vollendete Haydn diese erklärende Zugabe der Singstimmen, zu welcher Bearbeitung Baron van Swieten den deutschen Text besorgte." Neukomms Angaben hat dann Pohl[1]) dahin berichtigt, daß der Besuch in Passau auf der zweiten Hinreise (nicht Rückreise) nach England stattgefunden haben muß; ferner wies Pohl ein altes Passauer Textheft („die Worte Christi am Kreuze. Eine Kantate") nach, in welchem die von Haydn benutzten Worte im wesentlichen erhalten sind, und ermittelte, daß Haydn diesen Text unter die letzte Zeile seiner neuen Partitur notierte und ihn „nach Bedarf umänderte, radierte, überklebte, bis er mit sich im Reinen war".

Hierzu läßt sich aus unserem Manuskript weiter feststellen:
1. Der Bearbeiter der Musik war tatsächlich der damalige Passauer Hofkapellmeister.
2. Dies war der „hochfürstliche Truchseß, Hofkammerrat und Kapellmeister" Joseph Friebert.
3. Haydn hat nicht nur den Text dieser passauer Bearbeitung, sondern für einen Teil seiner musikalischen Umformung auch Frieberts Singstimmen benutzt (wobei er das Ganze freilich viel „besser gemacht" hat, als sein Vorgänger).

Unser Manuskript ist ein Heft in Quer-Quart mit der Aufschrift: „Die Worte X[?] am Creutze. Eine Cantata à 4 [?] L'Cembalo mit denen Vocalstimmen. Von H[errn] Haydn". Dieser Titel rührt von derselben Hand her, welche Noten und Text schrieb; von späterer, gleichfalls älterer Hand findet sich dann der Zusatz „die Singstimmen hat der Hofkammerrath und Kapellmeister Fribert in Passau no 1792 dazu verfasset." Nun besitzen die Archive von München und Landshut verschiedene Dokumente von Frieberts Hand; aus dem Vergleich dieser Stücke mit unserem Manuskript ergibt sich mit unzweifelhafter Sicherheit, daß das letztere Frieberts Autograph ist; dazu geht aus den Korrekturen des Manuskriptes hervor, insbesondere aus einer wichtigen Änderung in der Schlußnummer, welche einige Haydns Musik fremde a cappella-Takte (s. u.) einschiebt, daß der Schreiber auch der Bearbeiter war. Die Richtigkeit der Jahreszahl läßt sich nicht genau nachprüfen, indes ist das Datum von geringem Belang; daß diese Einrichtung jener Haydns vorausging, wird wiederum aus dem Vergleich beider untereinander deutlich. Als Haydn 1794 nach Passau kam, hatten auch schon eine Anzahl Aufführungen in Frieberts Bearbeitung stattgefunden, denn nach Neukomms Bericht trifft es sich zufällig, daß das Werk gerade wieder einmal exekutiert wird. Das Datum von Haydns Besuch dürfte der 21. Januar gewesen sein. Am 19. Januar brach er in Wien auf;

---

[1]) Joseph Haydn. Leipzig 1878, II. 217.

daß der Meister damals den Weg über Passau nahm, ist durch den Bericht über einen spaßhaften Vorfall im Schärdinger Zollhaus[1]), wenige Stunden vor Passau verbürgt; nach Neukomm trifft Haydn unter Tags in Passau ein, mit der Absicht, dort zu übernachten. Am 20. nachmittags konnte Haydn schwerlich schon in Passau sein; wohl aber entspricht der 21. den damaligen Verkehrsverhältnissen. — Besitzer unseres Manuskriptes war ehedem ein Herr J. V. Oswald, früher oder später auch der Musikverein in Passau.

Joseph Friebert[2]) stammt vermutlich gleich dem 1736 in Wullersdorf geborenen, bekannten Karl von Friebert, der 1759 in die esterhazysche Kapelle eintrat, aus Niederösterreich. Seit Anfang der fünfziger Jahre ist unser Künstler in den Registern der kaiserlichen Oper in Wien nachweislich[3]); von dort scheint Friebert dem Passauer Fürstbischof empfohlen worden zu sein, der gleich seinen Vorgängern in regem Verkehr mit dem Wiener Hofe stand. Durch Dekret vom 19. März 1763 wurde Friebert zum Passauer Hofkapellmeister ernannt und in dieser Stellung ist er bis zu seinem, am 6. August 1799 erfolgten Tode verblieben.[4]) Wie Haydn von Esterház aus, scheint Friebert periodisch wieder nach Wien gekommen zu sein. 1775 wenigstens hat dort Benedikt Schack von ihm Gesangunterricht erhalten.[5]) Das Passauer Musikleben, auf das ich an anderem Orte ausführlicher zurückkomme, war unter Friebert trotz der verhältnismäßig beschränkten verfügbaren Mittel nicht unansehnlich. Die Hofkapelle bestand durchschnittlich aus dreißig Personen, etwa doppelt so viel, als es zu Muffats Zeit gewesen waren, die Oper verfügte über einige gute Solokräfte, der Bestand an Musikalien, Kostümen und Dekorationen war in späterer Zeit sogar bedeutend. Das größte Theater besaßen die Jesuiten; nach deren Expropriation dachte man 1774 daran, dort zu spielen, doch waren wohl zahlreiche Flugwerke und andere schöne Zaubermaschinen, aber nicht genügend Dekorationen vorhanden, auch der Raum zu groß, so daß die Aufführungen nach wie vor im „alten Theater" statt hatten. In Passau wurden damals gute Violinen und Lauten fabriziert (auch der Orgelbau florierte); über die Violinisten der Hofkapelle hingegen wird bezüglich ihrer Leistungen gelegentlich Klage geführt.

Die Fürsorge für Oper, Kirchen- und Tafelmusik bildete unter Frieberts Aufgaben die hauptsächlichste. Tafelmusik und Instrumentalmusik (Orchester- und Kammermusik) sind dabei vielfach identisch. Wie seit Muffats Zeiten wird bald „eine kleine", bald „die völlige Musik" bei den Mahlzeiten Serenissimi gehört. Für diese Gelegenheiten wie noch für die Instrumentalmusik in der Kirche schreibt und besorgt Friebert die nötigen Sinfonien, Kassationen etc.; in Wien, München, Venedig hat er seine Korrespondenten, die ihn mit dem

---

[1]) Griesinger, Biographische Notizen über Joseph Haydn. Leipzig 1810, S. 47.

[2]) Im Passauer Totenregister wird er auch von Friebert genannt, ebenso in Gerber's Lexikon. In Wullersdorf ist der Meister nach Ausweis des dortigen Taufbuchs nicht geboren (freundliche Mitteilung des Pfarramtes Wullersdorf).

[3]) Pohl, Allgemeine deutsche Biographie, Artikel Karl F. Friberth.

[4]) Die Anstellungsdaten der passauer Beamten verzeichnen die alten Hofkalender. Laut Hofkammerprotokoll vom 21. März 1763 (k. b. Kreisarchiv Landshut) erhielt Friebert freie Wohnung, 500 fl. in Gold, sowie jährlich 6 Eimer „Ordinari Taß Wein." Über Frieberts Ableben berichtet das Totenregister der Passauer Dompfarrei: „Am 6. August 1799 starb in Passau und wurde im neuerrichteten Gottesacker bei St. Severin daselbst beerdigt: Der Hoch- und wolgeborne Herr Joseph von Friebert, Hochfürstlicher Hof-Kammerrath, Truchseß und Hofkapellmeister in Passau" (freundliche Mitteilung des Herrn Dompfarrer Muggenthaler).

[5]) Lipowski, Baierisches Musiklexikon, München 1811, S. 293.

Neuesten versehen. Gelegentlich hängt ihm der Venetianer um teures Geld Schleuderware auf, von 60 übersandten Sinfonien sind nur einige wenige genießbar. Hingegen erwirbt Friebert sogleich 1763 „Le Midi" (entstanden 1761) „ein großes Concertino, ganz neu von Haydn" und auch die „sieben Worte" besaß er in ihrer allerersten Fassung. Dies deutet auf besonderes Interesse für Haydns Kunst und wohl auch auf direkte Beziehungen zu ihm. Die für das fürstbischöfliche Theater benötigten Opern schrieb Friebert, wie zeitüblich, überwiegend selbst; desgleichen die in Passau seit langem besonders beliebten Oratorien. So entstanden in den ersten elf Jahren seiner Tätigkeit: Il Componimento, Il Natal di Giove, Dafne vendicata, La Galatea, La Zenobia, Angelica e Medoro (Serenata); an Oratorien: Il Giuseppe riconosciuto, Pietro poenitente, Aggar, Caimo et Abelle. Von den Ende des 17. Jahrhunderts beliebten Balletten finde ich in dieser Periode keine Spur mehr. Später wandte sich Friebert dann mehr der Komposition deutscher Operetten (s. u.) zu. Außerhalb Passaus hat man von der Tätigkeit unseres Künstlers wenig Notiz genommen, obwohl seine Musik dem künstlerischen Mittelgut seiner Epoche nicht nachsteht. Soviel Ich sehe, haben ihn in der zeitgenössischen Literatur nur Gerber und Reichardt beachtet; in den Verzeichnissen „jetztlebender Componisten in Deutschland", welche Forkel in seinen Almanachen mitzuteilen pflegte, ist, soweit sie mir zugänglich sind, nur Karl Friebert aufgeführt (1784); Hiller, Junker, Kochs Journal, der Augsburger Mercur, die Speyerer Realzeitung, auch Nicolai, der 1781 nach Passau kam, berichten nichts über ihn. Hingegen verzeichnet Reichardt im Gothaer Theaterkalender von 1785 (S. 145) wenigstens die (von Schenk gedichtete) Operette Adelstan und Röschen, und Gerber fügt im alten Lexikon (1790) noch „Das Loos der Götter", „Die Würckung der Natur" und „Die kleine Aehrenleserin"[1]) hinzu.

* * *

Der älteste Druck von Haydns sieben Worten trägt bekanntlich den Titel: Musica instrumentale sopra le 7 ultime Parole del nostro Redentore in croce, o siano 7 Sonate, con un Introduzione, ed al fine un Teremoto; per due Violini, Viola, Vcllo, Flauto, Oboe, Corni, Clarini, Timpani, Fagotti e Contrabasso. (Wien, Artaria.) Es ist eine Stimmenausgabe[2]); aus ihr schrieb sich Michael Haydn eine Partitur zusammen, welche mir im Autograph[3]) vorliegt. Dieser älteste Druck und Michael Haydns Partitur entsprechen in einem wichtigen Punkte nicht der Urgestalt des Werkes; in ihr gingen jedem der kleinen sinfonischen Gedichte der betreffende Ausruf Christi („Vater vergieb ihnen" etc.) als Rezitativ einer Baßstimme voran.[4]) Friebert lag, wie erwähnt, die Urbearbeitung vor; sein Manuskript enthält diese schönen, ausdrucksvollen Rezitative.

[1]) Partitur (Abschrift) in der Hofbibliothek Wien.
[2]) Ich benutze das Exemplar der großherzoglichen Hofbibliothek in Darmstadt.
[3]) Staatsbibliothek München. Eine eingeklebte Notiz Neukomms besagt: „das in der königlichen Bibliothek befindliche Exemplar der Jos. Haydn(schen) „sette ultime parole del Redentore" (: Partitur:) ist von Michael Haydn eigenhändig. Er hat dies Meisterwerk aus hoher Verehrung aus den einzelnen Stimmen für seinen eigenen Gebrauch in Partitur gesetzt. Dies bezeuge ich hiermit — München am 31. August 1838.
  Ritter Neukomm, Mich. und Jos. Haydns Schüler."
[4]) Pohl II, 215 und 341.

Um Joseph Haydns Verfahren bei der Einfügung seiner Vokalstimmen in die Instrumentalsätze und den Grad seiner Abhängigkeit von Frieberts Arbeit zu erkennen, wird man sich am besten zuerst die Frage vorlegen, welche natürliche Grundlagen und Anhaltspunkte sein Instrumentalsatz überhaupt der Absicht bietet, aus ihm einen vierstimmigen Vokalsatz herauszulösen. Für die Textunterlage war zunächst insofern ein Anhalt gegeben, als die Hauptthemen „anpassende Melodien über die Worte"[1]) sind, die instrumental weitergeführt und verarbeitet werden; die sekundären Themen sind frei erfunden. Im Erstdruck stehen unter diesen „anpassenden Melodien" auch die Worte Christi (in der ersten Violinstimme), nämlich:

[1]) Pohl II, 215.

Indes wird man, mit dem Passauer Text in der Hand, sogleich bei der ersten Nummer im weiteren Verlauf auf sehr verschiedene Möglichkeiten der Textverteilung stoßen. Es liegt kein zwingender Grund vor, gerade die Worte „floß deines Sohnes Blut" (Part. des Oratoriums S. 11, 12) zu wiederholen, um die Textstelle „das Blut des Lammes schreit nicht um Rach" dem in so feinsinniger Weise nach Des ausweichenden Mittelsatz vorzubehalten, — die Verzögerung könnte auch auf andere Art geschehen. Ja, es liegt angesichts des gegebenen fertigen Textes nicht einmal eine zwingende Veranlassung vor, gerade diesen Gedanken mit dem besagten Mittelsatz zu verbinden, so schön die Verbindung sich auch gibt. Diese Beispiele ließen sich beliebig vermehren; wäre Haydn nur mit dem Passauer Text in der Hand an seine Arbeit herangetreten, die Abweichungen der beiden Einrichtungen in bezug auf die allgemeine Disposition der Unterlagen müßten viel bedeutendere sein, als tatsächlich der Fall ist. Seine Wortverteilung stimmt aber in den ersten vier Nummern der Hauptsache nach durchaus mit Frieberts Unterlegung überein und nur selten (so S. 53 ff.) finden sich in diesem ersten Teile bemerkenswertere Varianten. Einigen poetischen Sinn wird man übrigens dem Dichter und Arrangeur des Passauer Textes nicht absprechen dürfen; ob Friebert das in einer Person gewesen ist, vermag ich nicht zu sagen. Möglich war diese Tätigkeit, wenn sie von zweien besorgt wurde, nur bei innigster Gemeinarbeit. Daß sich Friebert mit einem der Passauer Domherren zusammentat, wie Griesinger annahm, ist an sich nicht unwahrscheinlich; der bischöfliche Hofkalender nennt auch deren Namen, aber keinen von auch nur bescheidener literarischer Bedeutung. Wenn aber am 3. April 1801 Griesinger an Härtel schreibt, der Text sei „aus Kirchenliedern zusammengeflickt", so kann dies nur teilweise richtig sein: für die Schlußnummer hat bereits Pohl, wenn auch nicht ganz genau, die Benutzung von Ramlers Tod Jesu (s. u.) festgestellt. Um den Nachweis solcher Kirchenlieder habe ich mich vergeblich bemüht. Lieder über „die letzten Worte Jesu" sind in den katholischen Gesangbüchern sonst nicht selten, z. B. in Mastiaux' münchener Gesangbuch 1811, Bd. III, 193 ff.

Zum nämlichen Ergebnis, wie die Betrachtung der textlichen Disposition, führt die Einzelvergleichung der Musik Takt für Takt. Hierbei ist wiederum zu berücksichtigen, daß da, wo z. B. das kleine Orchester in vierstimmigem Satze vokaler Lage musiziert, für jeden Musiker, der Frieberts und Haydns Arbeit unternimmt sich die gleichen natürlichen Bedingungen ergeben. Der Bearbeiter wird die Singstimmen einfach herausschreiben. Wo der Vokalsatz also nur dem ohnehin Nächstliegenden Rechnung trägt (z. B. am Anfang von No. 4), ist wenig für die Abhängigkeit Haydns von der gleichlautenden Vorlage bewiesen. Solcher Partien sind nun aber infolge der Weiterführung der Sätze im Geiste der Instrumentalmusik gar nicht so viele vorhanden. Es bleiben vielmehr zahlreiche Stellen, wo die Führung der Singstimmen auf sehr verschiedenartige Weise hätte geschehen können, Haydn aber mit Friebert übereinstimmt. Hieraus ergibt sich der weitere Nachweis, daß Haydn bei seiner Arbeit Frieberts Partitur vor sich liegen hatte, sie passim prüfte und ihr entnahm, was ihm gutdünkte. Ich gebe einige Beispiele:

Sonata 2.

Ebenda.

Hier wird besonders der zweite Takt des Soprans zum Verräter.

Sonata 3. Instrumentalpassion:

hierzu setzen Friebert (dieser transponierend, s. u.) und Haydn den Sopran allein (Haydn solo)

Und die Qualen sei-nes Lei-dens in der Stund des bit-tern Schei . . .

Ebenda. Instrumentalpassion:

Friebert:
Wei — nend Seuf — zend bey dem Kreu -
Wei . . . . nend

Oratorium:
Wei — nend seuf — zend bei dem Kreu -

Sonata 4.

Instrumentalpassion:

Friebert:

Und ebenso im Oratorium (mit Änderung der Deklamation im Baß, und alles forte).

Mit der vierten Sonate schließt bei Haydn der erste Teil; in der Folge verändert sich nun unser Bild. Haydn steuerte jetzt einem neuen Ziele zu; er wollte musikalisch steigern und aller zunächstfolgenden Anmut ungeachtet dem schreckhaften Abschluß der Instrumentalpassion der Tendenz nach treu bleiben. „Ed al fine un teremoto" hatte er dort ja noch besonders hervorgehoben. Hier macht sich Haydn nun von Friebert gänzlich los, und auch dadurch, daß wir nunmehr tiefgehende Abweichungen gemeinsam mit einer veränderten Absicht gewahren, wird rückwirkend neuerdings deutlich, daß er sich im ersten Teil so verhältnismäßig eng an Friebert angeschlossen hat. „Das Erdreich, das Euch deckt, ist ganz mit Blut bedeckt" — diese erschütternde Schlußfolgerung unter der Musik des Erdbebens im letzten Satze aus dem Ganzen zu ziehen, war Haydns Endziel; Friebert aber steuerte einem versöhnlichen Schlusse zu: „Ach laß' uns auferstehen, als Erbe im Himmel eingehen." Pohl findet in dieser Wendung des Passauer Textes einen großen Vorzug (II, 218). Hierbei bedenkt er nicht, wie wenig dieser Schluß in die Situation des Golgathadramas paßt, die sich Haydn zu malen vorgenommen hatte; er konnte auch nicht wissen, wie sich der musikalische Bearbeiter jenes Textes bei seiner Absicht gegenüber der Willensmeinung des musikalischen Originals geholfen hatte. Schon den Anfang der siebenten Sonate hat Friebert willkürlich durch Einlegung eines zopfigen Tenorsoloe geändert[1]) (Part. S. 93 fehlen dafür 6 Takte, mit denen er nichts anzufangen wußte; vor allem aber hatte Friebert zu Ausgang der letzten Nummer (Part. S. 112, Takt 1) einen Trugschluß nach As eingeschmuggelt und nun in acht a cappella-Takten eigener Komposition seiner Weisheit letzten Schluß mit den bereits erwähnten Textworten verkündet.

Dies alles war für Haydn natürlich unannehmbar. Der Meister komponierte zunächst einen prächtigen Satz für Bläser, der gleichsam den Punkt bezeichnet, wo sich seine Wege von denen seines Vorarbeiters scheiden; ein Satz, dessen Konzeption auch sonst (s. u.) einen genialen Wurf bedeutet. Der veränderten Absicht aber konnte naturgemäß auch der Passauer Text nicht mehr ganz entsprechen; und nun, für die zweite Hälfte seiner Arbeit, sah sich Haydn nach einem neuen hilfreichen Dichter um. In No. 1—4 sind nur hie und da einzelne Worte der Vorlage umgestellt oder geändert; mit No. 5 beginnen die größeren Änderungen, als deren letzte die Wahl eines neuen Schlusses erscheint. Aber auch hier hat van Swieten, dem nach Noukomms Bericht diese Arbeit zuzuschreiben ist, sich immer noch an den Passauer Text gehalten, so lange es anging. Heißt es z. B. dort
   „Man durchbohrt seine Hände,
      deren Arbeit Woltun war",

---

[1]) Ferner ist (s. o.) No. 3 von E nach Es dur transponiert. E dur lag Friebert offenbar für seine tonalen Anschauungen zu fern ab.

so sagt van Swieten:

„Nun kann er nicht mehr fassen
den Schmerz, der Woltun war".

Auch auf den Gedanken, von der 7. Sonate an die Verse 256—270 aus Ramlers Tod Jesu[1]) zu benutzen, ist van Swieten durch seine Vorlage geführt worden. Diese läßt, was Pohl entging, Ramlers Verse 256 und 259—261 bereits anklingen in „Sein Leiden steigt nun höher nicht, neigt er sein Haupt und stirbt" und „Engelchöre, die steigen nieder und klagen, er ist nicht mehr", gibt aber im übrigen dem Schluß die besagte veränderte Wendung. Und auch hier behielt Haydn die Einzelheiten von Frieberts Partitur sehr wohl im Auge, und ließ sich auch noch gelegentlich (Part. S. 82, S. 86) deren Vorschläge ganz oder teilweise gefallen.

Kommt so unser bescheidener Passauer Hofkapellmeister zu ungeahnten Ehren, so besteht das wichtigste Resultat einer Vergleichung doch darin, daß sich uns Haydns Kunst in neuer Beleuchtung offenbart. Hier haben wir eine vortreffliche Gelegenheit, das Können eines Großen an einer zeitgenössischen mittelguten Leistung zu messen. Es gibt nichts Lehrreicheres, als das Studium der von Haydn gegenüber Friebert vorgenommenen Änderungen, die ihn seinem Vorgänger als so himmelhoch an Phantasie und Einfällen, an Gewandtheit und technischem Können jeder Art überlegen zeigen. Hier beleben seine Meisterkorrekturen die Melodie, dort verbessern sie die Deklamation oder weisen den Stimmen natürliche und weniger anstrengende Aufgaben zu; hier werden Pausen überarbeitet, die dem Fluß des Ganzen im Wege sind, dort wird mit Kunst und Witz der Anschein polifoner Bildung erweckt. Welche poetische Steigerung gegenüber Friebert bedeutet S. 100 der Partitur, das „in deine Hände befehl' ich meinen Geist", das leise in den sich ablösenden Solostimmen verhallt! Noch imposanter aber erscheint Haydns Tätigkeit, wo sich sein Blick auf Neugestaltung des Gesamtaufbaues gerichtet zeigt. Haydn stellt von Anbeginn an seinen Chören prinzipiell echte Soli (Friebert zumeist ein Doppelquartett) gegenüber und gewinnt durch den Wechsel beider Elemente in ganz anderer Fülle koloristische und dynamische Gegensätze, welche uns aufs geschickteste über den Mangel wahren polifonen Lebens hinwegtäuschen. Von der planmäßigen Steigerung des zweiten Teiles war schon die Rede; wie Haydn hierbei versteht, für seine Stimmen aus dem Originalsatze vermehrte Figuration herauszuschlagen, wie dadurch erhöhtes dramatisches Leben in das Ganze kommt, das alles ist meisterlich gedacht und gemacht. Welch' feiner Sinn offenbart sich dann in der Erfindung des nachkomponierten Zwischensatzes für Bläser allein; die neu (s. Pohl II, 342) seiner Partitur einverleibten Posaunen und Klarinetten bekommen hier nicht nur etwas Selbständiges zu sagen, auch ihre älteren Kollegen bekunden jene Seiten ihres Wesens,

---

[1]) K. W. Ramlers Poetische Werke. Berlin 1801. II, 163.

die in den anderen Teilen des Werkes verhüllt bleiben, wo ihnen die Umarbeitung zumeist eine Verdopplung oder Grundierung der Singstimmen zugewiesen hat. Und wie prächtig ist diese aus Rücksicht auf Klang und innere Zweckmäßigkeit der Mittel entstandene Absicht in den Dienst einer höheren poetischen Idee gestellt!

* * *

Heute würde es wohl niemand mehr beifallen, ein programmatisch gemeintes instrumentales Charakterstück nachträglich zum Vokalwerk umzumodeln; wir würden uns prinzipell gegen ein solches Verfahren aussprechen. Indes straft, wie bekannt, in der Kunst gelegentlich das Werk die schönsten Prinzipien Lügen. In seiner kurzen aber feinsinnigen Analyse von Haydns Oratorium hebt Hermann Kretzschmar mit Recht wiederholt Stellen des ersten Teiles hervor, in denen die Musik so schön mit den Worten zusammengehe, daß man an die nachträgliche Entstehung des Textes kaum glauben möge.[1]) Wenn hier für die Tongedanken die überzeugenden Worte gefunden sind, so ist dies also zunächst Verdienst der Passauer Bearbeitung. Am Schlusse des zweiten Teils aber setzte Haydn seine Auslegung der abweichenden Frieberts entgegen. So kam etwas zustande, was sicher seine, in der seltsamen Aufgabe begründeten Mängel, als Ganzes aber doch soviel Hand und Fuß, Poesie und Meisterschaft hat, daß wir unsere ästhetischen Bedenken sehr wohl zurückzudämmen vermögen.

Ich möchte aber trotzdem ein Wort dafür sprechen, daß man Haydns Werk auch in seiner vollen Originalgestalt, einschließlich der Rezitative wieder in unserem Musikleben einbürgern möge. Unsere Zeit ist für eine gerechte Würdigung dieser kleinen sinfonischen Poesien reifer als die Zeit Haydns, Georg Bendas und Engels, und den Vorwurf, daß diese Adagios „die Grenzen der Tonkunst überschreiten" wird wohl niemand mehr erheben. Für eine solche Aufführung wäre naturgemäß die Karwoche die beste Zeit und eine mäßig große Kirche der beste Ort; aber auch im Konzertsaal scheint mir trotz der andauernden langsamen Zeitmaße eine Wiedergabe möglich, wenn das Publikum zuvor entsprechend über Zweck und Entstehung der Stücke aufgeklärt ist. Die Vielseitigkeit, Größe und Innigkeit dieser feininstrumentierten Tonsätze wird viele Gemüter ergreifen. Für die historisch Gebildeten wird es noch nebenher von Interesse sein, in der Zeit der Jupitersinfonie einsätzigen Orchestersonaten[2]) zu begegnen, die auf die erste Jugend der Sonatenmusik zurückdeuten.

[1]) A. a. O. II, 1, S. 121.
[2]) Auch Gaßmann u. a. haben damals noch solche Kirchensonaten, freilich in moderner Form des einzigen Satzes geschrieben. Als Kuriosität sei hier noch angeführt, daß Friebert, der wohl schwerlich je Praetorius' Syntagma studiert hat, die ganzen Sätze Haydns in seinem Manuskript mit der Hauptüberschrift „Sonata", die umgemodelten Chorsätze aber mit dem Untertitel „cantata" bezeichnet.

Zum Verständnis Glucks.

Von

Hermann Kretzschmar.

In unsern Kirchen führt man Palestrina und Bach, in unsern Konzerten Händelsche Oratorien und alte Instrumentalmusik auf, unsre Opernbühnen leben dagegen ziemlich ausschließlich von neuer Kunst. Mozart ist der einzige Meister des achtzehnten Jahrhunderts, der sich hier behauptet, mit Gluck bewendet es bei vereinzelten und flüchtigen Versuchen.

Das ist an sich verwunderlich, da jedermann die Größe Glucks zugibt, und es ist's doppelt in der Wagnerschen Zeit. Denn Gluck und Wagner sind ganz verwandten Geistes, und so lange die Wagnersche Schule nicht mehr leistet, als bisher, läßt sich seiner großen Kunst keine bessere und mächtigere Verstärkung zur Seite stellen als das Musikdrama Glucks.

Schon darum ist der Versuch nicht überflüssig, das Verständnis Glucks zu erweitern und zu klären. Wie bei allen geschichtlich bedeutenden Kunstwerken, ist aber auch bei den Gluckschen Opern die praktische Verwendbarkeit nicht die Hauptsache. Sie muß immer als Geschenk des Zufalls, als Produkt augenblicklicher, günstiger Konstellationen betrachtet werden; der dauernde, dem Wandel der Zeiten entrückte Wert von Kunstdenkmälern liegt in den Ideen, die sie vertreten. Grade in der Musik wechseln Mittel und Formen des Ausdrucks schnell, schon der zweiten Generation kann der Boden und die äußere Bestimmung von Kompositionen ganz fremd sein, die die Vorfahren entzückten. Die innern, die geistigen Ziele großer Kunstleistungen aber veralten nie und können nach Jahrtausenden wieder, wie das Beispiel von Antike und Renaissance beweist, die Künstler und die gesamte gebildete Menschheit auf neue Wege leiten, frische Geistesepochen begründen.

Von dieser Seite her wird aber Gluck zur Zeit nicht voll verstanden und darum von den jungen Musikern viel zu wenig studiert. Von den beiden größeren Biographien, die über ihn geschrieben worden sind, übergeht die von Anton Schmid, noch mehr als das Thayer bei Beethoven tut, die künstlerische Seite; die andere, die von A. B. Marx, beleuchtet Glucks bleibende Bedeutung für das Musikdrama vielfach treffend, ist aber durch neue Forschungen überholt. Die weitere Spezialliteratur beschränkt sich erfolgreich auf einzelne Punkte, oder aber sie schlägt irrige Wege ein.. In der ersten Gruppe zeichnen sich die Arbeiten von Ph. Spitta (über „Paris und Helena") und H. Welti („Gluck und Calsabigi") aus, in der zweiten tritt das Buch H. Bitters: „Die

Reform der Oper durch Gluck und Wagner" mit dem törichten Bemühen, den älteren Reformator gegen den jüngern auszuspielen, unangenehm hervor. Die außer von Hanslick und anderen Tagesschriftstellern leider auch von Jahn vertretene Ansicht, daß das Wesentliche Gluckscher Kunst in Mozarts Opern enthalten sei, ist ein weiterer Beleg für die heutige Verkennung Glucks. Auch Rich. Wagner hat die Reform Glucks schlecht begriffen, wenn er (in „Oper und Drama") in ihr nichts sieht als einen Schlag gegen die Eitelkeit der Sänger. Vollere Gerechtigkeit läßt H. Bulthaupt in seiner Dramaturgie der Oper der Bedeutung Glucks widerfahren. Das ist um so rühmlicher als er nur den ästhetischen Weg der Erkenntnis beschreitet. Den sicheren und unentbehrlichen historischen hat vor ihm Marx versucht, indem er einige Vorläufer und Mitbewerber Glucks vergleicht; Bitter hat ihm das nachgemacht. Doch ist es beiden entgangen, daß diese Majo und Trajetta sich nicht bloß zufällig mit Gluck begegnen. Es sind Schulgefährten, Vertreter einer Reformbewegung, die eine längere Geschichte hat. Diese Geschichte muß man von Anfang und im ganzen Umfange kennen, wenn man die Tat Glucks in ihrer Besonderheit und in ihrer Größe voll würdigen will. Zu diesem Zweck soll im folgenden Gluck in einen größeren Zusammenhang gestellt werden. Es wird sich dabei Gelegenheit ergeben, auch auf manche Lücken in der Gluckforschung hinzudeuten.

Man muß bei dieser Auseinandersetzung bis auf die Entstehung der Oper zurückgehen, weil über sie falsche Vorstellungen im Umlauf sind. Die Oper ist vor dreihundert Jahren nicht aus „Lust am Ariengesang" und überhaupt nicht der Musik wegen ins Leben gerufen worden, sondern als ein neuer dramatischer Kunstzweig. Mit ihr sollte der Kampf, den seit hundert Jahren Humanismus und Kirche um die Herrschaft über das Theater geführt hatten, zugunsten des erstern entschieden, der Renaissance eine Position gewonnen werden, die an Weite des geistigen Einflusses die Macht von Schule und Wissenschaft noch übertraf. Die Oper hat diese Erwartungen nicht erfüllt, auch der Klerus hat sich ihr nicht ergeben, sondern sie in seine Dienste gezogen. Aber nach der Meinung der italienischen Hellenisten war mit ihr die antike Tragödie wieder erweckt, sie sollte und mußte alle zeitgenössischen Arten dramatischer Poesie verdrängen, die theatralische Normalkunst für die gebildete Welt werden. Rinuccini hat diese Ansicht in dem Prolog seiner „Euridice" mit einem Ausfall auf die bluttriefenden Trauerspiele seiner Zeit angedeutet, und daß der erste Operndichter damit nicht egoistisch übertrieb, sondern der allgemeinen Anschauung Ausdruck gab, wird durch die Aufnahme bewiesen, die das junge Musikdrama nicht bloß an den Höfen fand und durch die Opfer, die ihm, der vermeintlichen Krone der Renaissancekultur, gebracht wurden. Auch die Komponisten faßten die Oper ganz als Drama auf und betrachteten sich mit einer Strenge als Diener des Dichters, die noch sehr weit über das Wagnersche Maß hinausging. Ihre ganze Kraft war auf Herstellung eines Redegesangs gerichtet, der nicht bloß nach dem schärfsten Ausdruck des logischen Akzents trachtete, sondern auch die Form des Gedichts aufs Peinlichste wahrte. In den breiten Kadenzen, mit dem die ersten Opernkomponisten jeden Reim auszeichnen, wird diese Unterwürfigkeit sogar verkehrt und lächerlich. Daß wir ganz dieselbe Erscheinung auch in der Frühzeit des neuen deutschen Liedes, bei den Königsbergern und Hamburgern, treffen, zeigt, daß es sich dabei um eine Auffassung des Verhältnisses von Wort und Ton handelt, die in der Renaissancezeit allgemein und international war. Aus diesem Grund überwiegt in der ersten Periode der Oper in den musikalischen Formen das Rezitativ in dem Grade, daß wir mit vollem Recht von einer Rezitativoper sprechen können. Arteagas Vorschlag das Madrigal als den Grundstock zu nehmen, paßt nur auf die Werke der römischen Schule des 17. Jahrhunderts. Und daß das Rezitativ bei einfacher Cembalobegleitung doch meisterlich gehandhabt wurde, kann sich jedermann aus Cavalli überzeugen. Ein Redegesang, wie ihn die erste Szene seiner Dido, beim Abschied von Enea und Kreusa bringt, ist niemals übertroffen, von Meistern wie Gluck und Wagner nur erreicht worden.

Allerdings mehren sich mit dem Eintreten der Venetianer, also von dem Zeitpunkte ab, wo öffentliche Opernhäuser mit dem zahlenden Publikum und seinem Geschmack zu rechnen haben, die Kanzonen, Barkarolen und andere geschlossene Formen in der Opernmusik. In Luigi Rossis „Orfeo" will eben der Hochzeitszug aufbrechen. Da fragt Euridice: „Wollen wir nicht erst noch die Kanzone „*Il fulgor*" singen?" Gesagt, getan — und diesem einen Fall ließen sich tausende an die Seite setzen. Überall, auch in Deutschland und Frankreich, macht sich die Liederlust im Drama breit, der selbstherrliche, sinnliche, unausrottbare Musikteufel sich geltend. Aber das war nicht der wirkliche, gefährliche Feind. Die Krisis in der Entwickelung des Musikdramas kam von einer anderen Seite, von der dichterischen. Hier wird das Muster der antiken Tragödie, das ja Rinuccinis Texte im wesentlichen eingehalten hatten, schon mit der Venezianischen Schule zur Karrikatur. Die Strafe folgte auf dem Fuße und sie folgte in der Form, daß der Renaissanceoper eine ganz realistische, moderne Volksoper entgegengestellt wird. Diese fängt im kleinen an, mit komischen, der alten beliebten „commedia dell' arte" folgenden Szenen aus dem Leben der niederen Stände. Sie nisten sich als Intermezzi in die antiken Heldenopern ein und schon im zweiten Jahrzehnt des achtzehnten Jahrhunderts ist die opera buffa eine Macht, die in allen Ländern der Renaissanceoper gefährlich wird. Marcello, Bossuet, Gottsched, Swift und Pope, Musiker und Musikfeinde, Moralisten und geschädigte Schauspieldichter, Vertreter der verschiedensten Interessen halten satyrisch oder ernsthaft mit allem, was an dem antikisierenden Musikdrama unnatürlich und schwach ist, Abrechnung, die Beggars Opern und andere praktische Parodien geben sie dem Gespött preis. Ihr Sturz scheint umsomehr unvermeidlich, als nach dem

Tode A. Scarlattis auch die Komponisten der neapolitanischen Schule sich viel zu Schulden kommen lassen. Bei Vinci und Porpora zeigt auch die Musik einen starken Verfall. Da erfolgt plötzlich ein neuer musikalischer Aufschwung. Eine zweite neapolitanische Schule setzt ein und sie nimmt es mit dem Drama in der Oper, soweit es die Dichtungen zulassen, wieder ernster. An ihrer Spitze steht Hasse. Perez, Teradellas, Majo, Jomelli, Trajetta sind die weiteren Führer und aus dieser zweiten neapolitanischen Schule ist auch Gluck, schließlich alle überragend, hervorgegangen.

Worauf beruht nun die Überlegenheit Glucks? Auf seiner allgemeinen musikalischen Beanlagung nicht. Sie zeigt allerdings eine persönliche Stärke gerade für Aufgaben, wie sie die antike Tragödie in ihrer Reinheit dem Musiker stellt, sie hat Händelsche, man kann sagen, sie hat deutsche Züge. Aber ebenso gewiß ists, daß Gluck an Feuer und an für alle Fälle verfügbarer Originalität sich mit den genannten Italienern nicht messen kann. Sein bester Besitz war ein ernster Geist, ein aufs Einfache, aufs Hohe und Wahre gerichteter künstlerischer Charakter. Durch diese Gaben und von erleuchteten Freunden geleitet, kam er endlich an den Punkt, wo die Renaissanceoper vor allem reformiert werden mußte und schlug von da aus die musikalisch begabteren Mitbewerber. Auch dem ersten Bildungsgang Glucks kann an seiner Reform ein Anteil zugedacht werden. Leider liegt er noch sehr im Dunkeln. Aber unter den bekannten Daten scheinen die Jesuitenschule in Komotau und der Musikunterricht bei Czernohorsky in Prag nicht unwichtig. Denn dieser hat sich an einer ganzen Reihe böhmischer Komponisten als ein ungewöhnlich angelegter Lehrer bewiesen. Was aber die Jesuiten betrifft, so fehlt uns zwar das Werk, das ihre Stellung zur Kunst und zur Musik klärt, immer noch; aber daß sie für die Oper und ihre Vorgeschichte in Süddeutschland und Österreich etwas Besonderes und Wichtiges bedeuten, darf unbedenklich angenommen werden. Auch die eigenen Wege, die Holzbauer als Opernkomponist einschlug, scheinen auf Anregungen durch (Wiener) Jesuitendramen zurückzugehen.

Jedenfalls hat es bei Gluck sehr lange gedauert, bis er auch nur seine musikalische Originalität zur Geltung brachte. Für die damalige Zeit tritt er schon verhältnismäßig spät an die Opernkomposition heran. Majo war mit fünfzehn Jahren Hofkapellmeister, Gluck debutiert mit seinem „Artaserse" zu Mailand (1741) als Siebenundzwanzigjähriger, trifft aber mit ihm und den folgenden, gleichfalls über Texte Metastasios geschriebenen Opern den italienischen Stil so gut, daß er im Jahre 1746 einen Auftrag für London erhält. Seine „Caduta dei Giganti", die er dort schreibt und fünfmal aufführt, wird eine Enttäuschung; die Reise selbst bringt ihm wichtige Eindrücke. Er lernt Händel und wohl auch Händelsche Oratorien kennen. Das Bild Händels sah Thomas Kelly in den achtziger Jahren über Glucks Bette. Auf dem Rückweg wohnt er in Paris einer Aufführung von Rameaus „Castor und Pollux" bei. Es wird bald auseinandergesetzt werden, daß dieses Meister-

werk französischer Choroper Gluck eine neue Welt kaum erschlossen haben
kann. Aber es mußte alte Bedenken gegen die Einseitigkeit der italienischen
Solooper frisch anfachen und steigern. Wie tief sich „*Castor und Pollux*"
Glucks Seele eingeprägt hat, beweist ja auch sein allgemein bekannter Orfeo,
in dem er in der ersten Szene das berühmte „Tombeau" der Rameauschen
Oper frei nachbildet.

Marx läßt Gluck nach der Londoner Reise in eine zweijährige Mußezeit
eintreten, die er nur durch eine kurze Gastrolle als Dirigent unterbrochen
habe. Diese Darstellung muß auf Grund neuerer Spezialarbeiten von Teubner,
Hamerik u. a. berichtigt werden. Auch Marx weiß von der Mingottischen
Gesellschaft und vermutet richtig, daß Gluck bei ihr als Kapellmeister ein-
getreten sei. Er irrt aber in der Annahme, daß Mingotti seine Tätigkeit bloß
„zwischen Hamburg und Dresden geteilt" habe. Die Mingottische Gesellschaft
stand mit der Locatellischen an der Spitze einer ganzen Reihe italienischer
Wanderopern, die das Beispiel der Buffonisten um die Mitte des achtzehnten
Jahrhunderts ins Leben gerufen hatte. Sie versorgten Plätze, die eine erst-
klassige, ständige italienische Oper nicht hatten, mit dem großen Musikdrama
und durchzogen, Frankreich umgehend, den ganzen Kontinent. Da sie nur
die besten Kräfte brauchen konnten, war es eine Auszeichnung, mit ihnen zu
reisen; die Tatsache, daß Mingotti Gluck als Kapellmeister engagierte, ist also
ein weiterer Beweis für das große Ansehen, das der zweiunddreißigjährige
Komponist genoß. Es war ein Amt, außergewöhnlich geeignet, Erfahrungen
zu sammeln. Nachweislich ist Gluck nach Prag, Dresden, Hamburg und
Kopenhagen mit der Mingottischen Oper gekommen. Die ausführlichsten
Berichte über ihre Wirksamkeit liegen aus Dresden in Fürstenaus bekanntem
Buche vor. Zum Komponieren ließ die Stellung wenig Zeit. In Dresden
hat Gluck dennoch für den sächsischen Hof ein kleines Festspiel geschrieben:
„*Le nozze d'Ercole e d'Ebe*", das am 29. Juni 1747 im Pillnitzer Schloßgarten
aufgeführt worden ist. Fürstenau hat auch über diese Komposition zuerst und
mehrfach berichtet und Marx hat sich seltsamerweise damit begnügt, Fürstenaus
Bericht auszuziehen. Die kleine Oper selbst hat er nicht angesehen, obwohl
sie in Dresden in der musikalischen Privatsammlung Sr. Majestät des Königs
lag, mit der sie seit etlichen Jahren in die Königliche öffentliche Bibliothek
übergegangen ist. Der Fall ist deshalb erwähnenswert, weil er ein Licht wirft
auf die Art, wie noch vor vierzig Jahren Musikgeschichte getrieben werden
konnte. Wie bei dieser „*Nozze*", so hat sich Marx überhaupt um Kataloge und
Bibliotheksbestände für seine Gluckstudien wenig gekümmert. Die Bekanntschaft mit dem „*Telemach*" verschafft er sich durch das Wiener Exemplar unter
ganz gehörigen Schwierigkeiten; davon, daß er das Werk ganz bequem in
Dresden hätte studieren oder sogar von da aus hätte ins Haus bekommen
können, ahnte er nichts. Die Musik dieser Nozze ist aber sehr wichtig, weil
sie zeigt, wie weit Gluck Italiener geworden war. Er tut sich hier auf einem

5*

spezifischen Gebiet der italienischen Oper hervor, dem Gebiet des lieblich Erotischen. Der erste Akt schließt mit einem Duett zwischen Ercole und Ebe: „Lasciami in pace", das sich in schwärmerischen Figuren, in Ornamenten und reizenden Details gar nicht genug tun kann. Es ist in der Überschwänglichkeit der Triller und Koloraturen ein Musterbeispiel für die Rokokokunst in der Oper. Aber es hat dabei auch einen stark innigen Zug, der auf deutsche Abkunft verweist, und es steht mit den Spuren eines der italienischen Schule fremden Geistes in der Oper nicht allein. Sie äußern sich in einer Menge kühner Harmonien, in liegenden Stimmen, Trugschlüssen, ausdrucksvollen Bässen, im schroffen Tempowechsel, im eifrigen Anteil des Orchesters an der Darstellung und finden sich besonders in den Szenen der Naturmalerei und der heftigen Seelenbewegung.

1748 geht Gluck nach Wien, wo er schon vor zwölf Jahren eine Zeit lang gelebt hatte. Diese beiden Wiener Perioden sind den äußeren Daten nach längst bekannt, aber dem Anteil, den sie an Glucks Entwickelung gehabt haben, ist die Gluckbiographie noch nicht gerecht geworden. Die Wiener Oper hat vom Anfang an eine Stellung für sich behauptet. Unter Draghi bereits überbietet sie die Venezianische Schule durch eingelegte Orchestersätze, kleine Solistenkonzerte, durch musikalischen Glanz. Adlers „Kaiserwerke" zeigen, wie Wien an den Grundgedanken der Renaissanceoper, an Einfachheit und Volkstümlichkeit der Musik auch dann noch festzuhalten sucht, als Italien eine neue, kunstvollere Richtung eingeschlagen hat. Auch mit den Bemühungen um ein national deutsches Musikdrama bleibt es einer guten Idee so lange als möglich treu, es stemmt sich endlich am entschiedensten gegen die Mode dadurch, daß es, während die Neapolitanische Schule längst überall unbestritten herrscht, immer noch einmal auf die Choroper zurückkommt und diese gute alte Form zu halten und wieder zu beleben sucht. Hauptvertreter dieses Widerstands gegen die Alleinherrschaft der neapolitanischen Solooper waren namentlich Joseph Fux und Carlo Agostino Badia. Von Fux kommt neben der berühmten, von Quantz bis auf Köchel immer wieder beschriebenen, mit 100 Sängern, 200 Instrumentalisten vor 4000 Zuschauern aufgeführten Prager Krönungsoper: „Costanza e fortezza", namentlich die „Elisa" von 1719 in Betracht. Alles was Fux für die Bühne geschrieben hat, trägt Festcharakter und steht über der Zeit. Dieser Stil mit dem doppelten Orchester und dem doppelten Chor, mit den zahlreichen Kanons und dem strengen Satz war nicht mehr im Brauch, sah auf dem Papier altväterisch aus und übertraf doch alles Neue an großer Wirkung. Die guten alten Traditionen vertrat auch Badia, am erfolgreichsten in seinem „Ercole Vincitore" und in seiner „Napoli ritornata". Heute lebt er zwar nur noch in Lexicis, wohl gar mit der Zensur „er war veraltet und müßig begabt", aber wäre er in seiner Zeit ohne Ansehen und Einfluß gewesen, hätte man seine Opern nicht in Bologna und Dresden aufgeführt und man fände sie auch heute nicht so zahlreich in

den Bibliotheken. Wirklich von dieser unmodischen und doch bedeutenden
Kunst erfaßt zu werden, war jedoch nur in Wien Gelegenheit. Hier hat
Gluck die Werke von Fux und Badia kennen gelernt, während seiner italienischen Zeit haben sie leise in ihm weiter geklungen, den Rameauschen Tönen
mußten sie eine starke Resonanz bieten. Es wäre nur natürlich, wenn jene
Pariser Aufführung von „Castor und Pollux" Gluck zu dem Entschluß gebracht hätte, wieder nach Wien zurückzukehren. Auch jetzt noch, unter der
sparsamen Maria Theresia war der Wiener Oper noch etwas von dem alten
guten Sondergeist geblieben. Sie begünstigte solche Neapolitaner, die von der
Heerstraße abwichen: Jomelli, Perez, Trajetta. Gluck kam also stärker unter
den Einfluß verwandter Geister, als das bisher der Fall hatte sein können.
Da scheint ihm Trajetta besonders sympathisch geworden zu sein; Glucks
Nichte mußte Burney Trajettasche Arien vorsingen. Aber Wien hatte sich
diesen Neapolitanern nicht bloß wegen der alten Fuxschen Traditionen zuge-
wendet, sondern auch, und noch mehr, weil man in ihnen die Träger einer
kommenden Reform sah. Daß um jene Zeit im italienischen Lager die Notwendigkeit, mit der Solooper zu brechen, ins Auge gefaßt wurde, sehen wir
aus dem „saggio sopra l'opera" des Grafen Algarotti ebenso, wie aus der
Vorrede von Calsabigis Metastasionsausgabe. Algarotti bezeichnet sogar die
Methode der musikalischen Reform: Wiederaufnahme von Chor und Instrumentalmusik nach dem Muster der französischen Oper. Parma, wo seit 1747
Bourbonen herrschten, wurde mit Aufführungen Rameauscher Opern die erste
Versuchsstation. Wien zur Hauptstütze dieser Reformbestrebungen zu machen,
scheint das Ziel des neuen Intendanten Grafen Durazzo gewesen zu sein,
über den uns die Wiener Musikhistoriker noch eine Monographie schuldig sind.
Daß er Calsabigi und Gluck zusammen gebracht hat, steht durch Grimm fest.
Wahrscheinlich ist, daß er diese beiden Männer überhaupt erst für die Reform
gewonnen und beide in zeitiger Erkenntnis ihrer Qualifikation nach Wien
gezogen hat. Durch Stollbrock wissen wir, daß Gluck nicht als Kapellmeister,
sondern vorläufig nur als Hofkompositeur angestellt wurde. In dieser Stellung
schreibt er seine „Semiramis". Ihre lediglich gefällige Ouvertüre zeigt hinlänglich, daß Gluck als Dramatiker noch tief steht. Das muß deshalb betont
werden, weil Marx in dieser Instrumentalkomposition zu viel sicht. Da liegen
doch von Perez und Teradellas viel freiere und aus der Grundidee der Handlung viel deutlicher inspirierte Leistungen vor! Auch die 1749 für Kopenhagen geschriebene „Tetis" hat nichts Ungewöhnliches. Um so auffälliger
ist die nächste Oper Glucks: der im Jahre 1750 am Teatro Argentino zu Rom
aufgeführte „Telemaco". Nach Bitter ist der Text dieses Telemach „natürlich"
von Metastasio. Trotzdem hat Metastasio keinen Telemaco geschrieben. Aber
der Dichter zeigt Metastasios Schule: Die schöne Fabel von dem Sohn, der
den Vater sucht, und mit ihm zugleich die Braut findet, ist in einen Knäuel
von Intriguen verwickelt und dann dieser in einem endlosen Einerlei von

Szenen aufgerollt, die effektsüchtig und tief zugleich sein wollen. Den Musiker fangen sie in die bekannte Guirlande von Secco-Rezitativen und Arien ein. Doch hat der Dichter auch Chöre, dramatische Ensembles und Tänze zugezogen. Das ist wichtig und seltsam zugleich. Denn dieser Librettist steckt so mit Haut und Haaren in der italienischen Schule, daß diese Elemente aus der französischen Oper kaum seiner eigenen Initiative entsprungen sein können. Sollte auch hier Graf Durazzo mitgewirkt haben? Auffällig muß dieser Telemach deshalb genannt werden, weil in ihm ganz plötzlich der Gluck der Geschichte musikalisch fertig vor uns steht. Schon Marx hat für diese Oper größere Beachtung verlangt, sagt aber zu wenig davon, wenn er sie als den ersten Versuch Glucks bezeichnet: „den Standpunkt der italienischen Oper zu überschreiten". Denn nicht so sehr die Schule macht sich in ihr bemerklich, als die Persönlichkeit, und das Fesselnde an diesem Telemach ist, daß zwischen ihrem Komponisten und dem Meister des „Orfeo" kein Unterschied besteht. Im wesentlichen sind die späteren Reformopern über die Musik des Telemach nicht hinausgegangen. Das ist gleich eine ganz andere Ouvertüre als in der „Semiramis", nicht der Form wegen, die hier französisch, in der älteren Oper italienisch ist, sondern wegen des Gehalts. Die zur „Semiramis" ist Unterhaltungsmusik, die zum „Telemach" erinnert an das Ende des Stücks und äußert Mitleid mit dem tragischen Geschick der Circe. Ihren Schluß bildet ein Ballo, der direkt in die Handlung einführt. Denn diese beginnt mit Festen: Circe will Hochzeit halten, Ulysses ist Bräutigam wider Willen und die Musik schildert nun in einer Reihe frei verbundener Tänze, Chöre, einstimmiger und mehrstimmiger Sologesänge die Entwickelung der Fröhlichkeit. Da bricht der freudige Ton plötzlich ab, eine ernste Baßstimme deklamiert langhin auf einen Ton. Das ist das Orakel; in seine feierlichen Sprüche hinein spielen die Geigen eine Figur aus dem Eingangschor. Wir stehen also vor einem Aufbau der Musik, der direkt an den zweiten Akt von Monteverdis Orfeo erinnert, eine Art von Introduktion, wie sie sich in der komischen Oper der Italiener eben ausbilden wollte, ihrer opern seria aber noch lange fern blieb. Von Italien können dem Komponisten die Anregungen zu diesen Neuerungen nicht gekommen sein; auch in Rom, wo sie noch vor hundert Jahren stark geblüht hatte, war eine solche bewegte und mannigfaltige Musikform ganz vergessen. Es sind die ersten Äußerungen des Einflusses von Fux, Badia und von der französischen Schule. Ja, die besondere Einwirkung Rameaus ist nachweisbar; von ihm ist die Sprache des Orakels, von ihm hat Gluck auch im weiteren Verlaufe der Oper ganz direkte Motive aufgenommen. In der Form zeichnet sich diese Introduktion von Glucks bisherigem Brauche auch noch durch den sehr reichen Gebrauch eines italienischen Musikmittels aus, des begleiteten Rezitativs; auch dieser Zug gehört ja mit zu seiner Reform. Wichtiger ist der Telemach aber durch die neuen Töne, die er bringt. Die schönsten und eindringlichsten hat er, wenn Gluck die Natur in ihren Reizen oder in ihrem Schrecken sprechen läßt. Auch da ist das Prinzip und die Anregung französisch, die Ausführung aber zeigt den träumerischen, sinnenden Deutschen. Die Oper hat namentlich zwei Prachtszenen dieses Schlages, Leistungen, die dem berühmten Monolog des Orfeo „Che puro ciel" mindestens gleichstehen. Die erste ist die, wo Telemach mit seinem Freunde Merione in den Zauberwald eintritt. Ihre poetische Wirkung liegt im Vorspiel und in der Benutzung des Echo. In der anderen ruft Telemach den Geist des totgeglaubten Vaters an. Durch die Hörner geht, von den Oboen nachgespielt, das langsame Motiv; die Violinen umzittern es und es wirkt wie eine Geisterhand hinter Schleiern. Das ist Gluck, der Tonzauberer, wie ihn die Welt kennt aus dem „Furientanz" und aus den vielen Stücken, die uns mit einer einzigen Note, mit dem dämonischen Klang eines oft gehörten Instrumentes gefangen nehmen. Das Motiv selbst aber ist eine Reminiszenz aus Rameaus „Castor". Mit seinen feierlichen Schritten beginnt dort Télaires große Anrufung: „Tristes apprets", die das tombeau schließt. Der erste Akt endet mit einem für italienisches Musikdrama ganz ungewöhnlichen, vollständigen Finale, einer frei gefügten Kette von Sätzen über ein Hauptmotiv, das sich immer gewaltiger erhebt. Der bedeutendste darunter ist ein Klagechor der Gefährten des Ulysses, und dieser Fall wiederholt sich durch die ganze Oper: die Stellen der Trauer, des Schmerzes und Leides sind die größten und erhabensten. Auch darin zeigt uns der Telemach das Wesen des voll entwickelten Gluck. Die Seele seiner Kunst leuchtet am stärksten im Dunkeln, sein Genius hat auf der Schattenseite des Lebens die Kraft empfangen. Alles Fröhliche im Telemach ist nicht Gluckisch, sondern Italienisch. Nur noch die drei größten Hauptszenen dieser pathetischen Art seien kurz genannt. Die erste ist die Vision, wo Telemach, von Ulysses aus dem Schlaf geweckt, die Mutter zu hören glaubt, und ergreifend in die Klage: „Ah tu non turbi il mio riposo" ausbricht. Die beiden anderen führen die Circe vor. Zunächst beschwört sie im Ton der Cavallischen Medea mit „Dall'orrido soggiorno" ihre Geister. Rezitative und kleinere Arien wechseln mit Chören der Larven, die ganz eigen in chromatischen Crescendis geführt sind und durch Nachahmungen und durch das Durcheinander schauerlicher Hornklänge und Larvenstimmen, die aus allen Winkeln zu rufen scheinen, verwirrend wirken. Dann kommen wir bald zum Schlußmonolog „Se estinguer non bastate", mit dem sie Palast und Garten zerstört und zur Selbstvernichtung schreitet. In dem Wechsel rührender Klagen und Ausbrüchen dämonischer Wut ist diese Schlußszene, in der auch eine Bachsche Gigue wörtlich anklingt, fürchterlich groß. Unter ihren musikalischen Mitteln ragen die tiefen Unisonofiguren des Streichorchesters hervor. Gluck führt hier die Kontrabässe mit den Violinen im wirklichen Einklang. Das wäre ein Beispiel für Berlioz' Instrumentationslehre gewesen!

Der Telemach hat sich nicht verbreitet. Gluck wußte aber, was an dieser Musik war, und hat die Mehrzahl ihrer Sätze für spätere Arbeiten benutzt. Von ihnen aus ist ein Teil weltbekannt geworden: die Armidenouvertüre, die Einleitung zur „Iphigenie in Aulis", der Chor in „Alceste": „Welch schreckliches Orakel", das Gebet der Taurischen Iphigenie: „Je t'implore etc." — diese und noch andere berühmte Stücke stammen aus dem Telemach.

Es berührt nun seltsam, daß zwölf Jahre vergehen, bevor Gluck wieder eine Oper schreibt, die sich mit dem Telemach messen kann. Nur ein einziges Werk erhebt sich in diesem Zeitraum aus der Masse. Das ist das 1761 für Wien geschriebene pantomimische Ballet: „Don Juan"[1]), das als Heimat des Furientanzes, als Album reizender instrumentaler Charakter- und Genrebilder und als Vorlage für Da Pontes Scenarium zu Mozarts „Don Giovanni" noch jetzt auf dreifaches Interesse rechnen kann. Dagegen stehen die vom „Ezio" bis zum „Trionfo di Clelia" folgenden Opern mit der „Semiramis" auf gleicher Stufe. Dem Grund kommt man nahe, wenn man die Dichtungen prüft. Sie sind Arbeiten Metastasios oder sie folgen seiner Schule vollständig. Das tat das Buch des Telemach nicht, es verlangte mehr als nur Solomusik und bewirkte zugleich, daß mit den reicheren musikalischen Mitteln auch die Phantasie Glucks gewaltig zunahm. Der Gluck des Telemach ist darum auch sofort wieder da, als ihm in dem „Orfeo" endlich eine Dichtung geboten wird, die, wie jene, Mannigfaltigkeit der musikalischen Mittel und Formen verlangt, die ebenfalls auf das französische Opernsystem gemünzt ist. Aber Calsabigi, dessen Geschichte hier nicht erzählt zu werden braucht, übertraf seinen Vorgänger bei weitem an dramatischem Geist. Er war es, der die von Stampiglia, Zeno und Metastasio nur an der Oberfläche besorgte Reinigung der Operndichtung bis auf den Grund führte, indem er das mit den Venetianern eingedrungne Intriguengetriebe in der Fortbewegung der Handlung verschmähte und nach dem Muster Rinuccinis — vielleicht ohne es zu kennen, genannt hat er dieses Vorbild niemals, wohl aber Quinault — große Begebenheiten in wenigen, einfachen, aber stimmungsvollen Bildern darstellte. Den Gegensatz, in den er dadurch zu Metastasio trat, bei dem die großen Züge der antiken Fabeln vollständig unter der Hetzjagd kleiner Verwickelungen und theatralischer Nebenaffekte verschwanden, ging über die Begriffe der Zeitgenossen; er war grösser als ihn das neunzehnte Jahrhundert an den Operndichtungen Scribes und Richard Wagners erlebt hat. Wir sind heute darüber klar, daß Dichtungen von der Anlage und dem Charakter der Calsabigischen das Ideal eines Opernbuchs bilden, wir müssen ihnen an und für sich dramatischen Wert zugestehen. Calsabigi wählt bedeutende Fabeln, dringt sicher und tief auf ihren seelischen Kernpunkt und führt Krisis und Lösung

---

[1]) Vor einigen Jahren bei Breitkopf & Härtel veröffentlicht.

klar, einfach und eindringlich vor. Auch in der Gemeinverständlichkeit der Probleme entsprechen sie vollständig den Anschauungen der Renaissance. Es ist kein Zufall, daß Peri und Monteverdi ihre dramatische Kraft am Orfeo maßen, daß die Sage vom Thrakischen Sänger auch in der Venetianischen Oper häufiger wiederkehrt. Denn diese Sage verherrlicht die Gattenliebe. Alceste aber ist nur das Gegenstück zum Orfeo. Hier opfert sich der Mann um die Frau zu retten, in der Alceste geht die Frau in den Tod für den Mann. „Paris und Helena" behandelt ein schwierigeres Problem und ein ähnliches wie das von Wagners „Tristan und Isolde", nämlich: Die Liebe als Verhängnis. Es erschien aber in der italienischen Oper des achtzehnten Jahrhunderts weder zum ersten Mal, noch als Ausnahme. Nur die Behandlung war neu und befremdete die Metastasiosche Generation gerade so, wie Calsabigis Durchführung der Sagen von Orfeo und Alceste. Wenn Aureli bei den Venetianern, wenn Sografi bei den Neapolitanern eine Alceste schreibt, so wird der Alceste des Euripides mindestens eine Nebenbuhlerin hinzugefügt und der Herkules erhält die Rolle eines bedenklichen Hausfreundes. Jedenfalls wird ein Eifersuchtsstück daraus. Daß nun Calsabigi diesen tändelnden und verwirrenden Mechanismus ausschaltete, wurde nicht verstanden und verziehen. Darüber, daß die Dramen Calsabigis langweilig seien, waren Italiener und Deutsche einig. Den Mangel an Verwicklungen meint Leopold Mozart in erster Linie, wenn er dem Sohn von der „traurigen Alceste" schreibt, er hat auch Forkel zu der bekannten bösen Kritik Glucks in seinem Almanach mit inspiriert. Die italienischen Ansichten über die Reform Calsabigis hat Arteaga am schärfsten formuliert. Nach ihm ist er „der Hauptverderber des neueren musikalischen Theaters", und dieses Verdammungsurteil kehrt bei italienischen Literarhistorikern bis in die Mitte des 19. Jahrhunderts immer wieder, zuletzt hat es noch einmal Gberlandini aufgenommen. Unter den verschwindend wenigen Anerkennungsstimmen muß die von Gottlieb Naumann hervorgehoben werden. In der Vorrede zum Klavierauszug seiner Oper: „Orpheus und Euridice" erklärt er den Calsabigi und den Coltellini als die einzigen wahren Operndichter unter den Italienern, Metastasio habe nur singende Marionetten geliefert. Auf diesen Coltellini und auf Frugoni beschränkt sich die Calsabigische Schule. Diese Tatsache allein beweist zur Genüge, wie es mit dem Boden für ein Musikdrama, das mit der Erneuerung der antiken Tragödie Ernst machte, in der italienischen Schule stand.

Nur oder hauptsächlich diese Blindheit für die ursprüngliche Bestimmung der Oper hat auch die Musik Glucks in der ersten Zeit um den Erfolg gebracht. Seinen Gesinnungsgenossen, Trajetta und Jomelli, gestund die zeitgenössische Kritik dramatische Größe zu und erlaubte ihnen, sich über Konzessionen an Publikum und Sänger hinwegzusetzen. Glucks Abweichungen aber erschienen, mit denen des Dichters verbunden, unerträglich. Seine Musik, sagt Arteaga, mußte notwendig die Geduld der italienischen Zuhörer ermüden, da sie an leichtere und glänzendere Harmonie gewöhnt sind und Burney erkennt zwar an, daß Gluck ein neues Prinzip vertritt, aber es passe nur, meint er, für Länder mit schlechten Sängern und begünstige den Poeten auf Kosten des Sängers und des Komponisten. Die kleinen Flecken, die die Gegenwart an Glucks Sonne bemerkt, der belegte Ton bei hellen Affekten, die Zusammensetzung einer beträchtlichen Anzahl seiner großen Soloszenen aus kleinen Stücken, ihr liedartiger, durch Rezitative und Orchesterepisoden verdeckter Grundcharakter, sind den Gluckschen Opern viel weniger zum Vorwurf gemacht worden, als die großen Vorzüge, ihr dramatischer Ernst und die sachgemäße Unterordnung unter Situation und Dichterwort.

Deutlicher als die literarischen Urteile der Zeit spricht die Opernstatistik. Sie ergibt, daß Glucks Reform im ersten Stadium, und solange sie nur auf „Orfeo", „Alceste", „Paris und Helena" beruhte, nicht mehr als ein Wiener Lokalereignis war. Und auch das ist noch fraglich. Denn Hasse nimmt in keinen an dieser Stelle unlängst bekannt gegebenen Wiener Briefen an Ortiz nicht die geringste Notiz von ihnen. Grimm aber, der sich auf Wiener Stimmen beruft, nennt sie kurz „un travail barbaresque". In Dresden sind die Reformopern Glucks erst durch R. Wagner eingeführt worden, München hat einmal im Jahre 1773 den Orfeo Glucks versucht, 1775 ersetzt ihn der von Tozzi. Ein Orfeo kommt 1788 auch in Berlin vor, es ist der Calsabigis, aber mit der Musik Bertonis; Friedrich der Große wollte nichts von der Reform wissen. Fr. Reichardt hat das von 1796 ab wieder gut gemacht. Durch ihn ist die preußische Residenz bis in die Mitte des neunzehnten Jahrhunderts die Hochburg Gluckscher Kunst geblieben. Das übrige Deutschland des achtzehnten Jahrhunderts versagt sich ihr zunächst vollständig, selbst Prag und Hamburg, wo er dirigiert hatte. In Italien versuchte Bologna im Jahre 1771 den Orfeo, 1778 folgt die Alceste in einer glänzenden, von Calsabigi überwachten Aufführung mit einem Orchester von achtzig Mann, für das die besten Bläser aus dem ganzen Land geworben sind. Sie fällt durch. Im Teatro San Carlo zu Neapel wird 1774 der Orfeo mit Einlagen von Christian Bach aufgeführt, 1785 im Teatro del Fondo die Alceste. Beide einmal und nicht wieder. Modena bringt 1763 eine kleine komische Oper Glucks: „*I tre amanti*", Parma, wo doch Trajetta wirkte, wo beim bourbonischen Hof Sympathien natürlich waren, den Orfeo mit Fragmenten anderer Gluckscher Opern unter dem Kollektivnamen „le feste d'Apollo" (1769), dann den „Don Juan" (1780) und nichts weiter. Venedig aber läßt Calsabigis „Orfeo" von Bertoni 1776 neu komponieren. Nebenbei bemerkt, ist diese Bertonische Komposition durchaus nicht so schlecht, wie sie Berlioz hinstellt, aber unselbständig, von dem Gluckschen Originale durchgebaust. Wir haben einen Beweis, daß Glucks Musik trotz alledem in Italien eine gewisse Popularität genoß, aber keine vorteilhafte. In Trajettas „*Cavaliere errante*" nämlich, einer 1777 für Neapel geschriebenen Buffooper, tritt ein Verrückter auf, der sich für den Orfeo hält und was singt er? — „Che farò senz' Euridice?" Die Italiener hatten also den für die Situation mißratenen Charakter dieses Stückes wohl bemerkt und benutzten es, um Gluck überhaupt lächerlich zu machen.

Daß Gluck über diesen Gang der Dinge verstimmt war, kann nicht Wunder nehmen. Hatte er doch bei den Wiener Aufführungen als Unternehmer des Burgtheaters sogar sein und seiner Frau Vermögen „verbrockt", wie er (1769) dem Fürsten Kaunitz mitteilt. Ganz besonders hatte ihn der Mißerfolg von „Paris und Helena" verdrossen, denn hier war die Originalität seines Versuchs, in dem Paris den Asiaten, in der Helena die Spartanerin zu zeichnen und ethnographisch zu charakterisieren, ganz unbemerkt geblieben. Da ists nun eigen, wie er in seiner Gereiztheit die Hindernisse des Erfolges an ganz nebensächlichen Punkten sucht. In den bekannten Vorreden zu „Alceste" und zu „Paris und Helena" schiebt er der mangelhaften Aufführung seiner Werke und vor allem der Willkür der Sänger die Hauptschuld zu. Diese Verblendung ist zwar fast von der gesamten Gluckkritik bis auf den heutigen Tag als biblische Wahrheit übernommen worden. Bei Gluck selbst kann sie aber nur momentan gewesen sein, sonst müßten wir an seiner geistigen Bedeutung überhaupt zweifeln. Und glücklicherweise liegen Zeugnisse dafür vor, daß er das Wesen seiner Reform in der dichterischen Richtung seiner Opern, in ihrem Verhältnis zur Antike erblickt hat. Man kann sich aus Spitta und Welti darüber orientieren, daß der Komponist in ruhigen Zeiten das Verdienst Calsabigis wohl würdigte. Als dann Spannung zwischen den beiden Männern herrschte, ging der Italiener in der Ungerechtigkeit weiter als der Deutsche. Denn Calsabigis Versuch, sich auch als den Vater der Orfeo-Musik hinzustellen und glauben zu machen, er habe Gluck die richtige Deklamation jeder Rezitativphrase erst zeigen, ihn auf die Themen der Arien und Chöre bringen müssen, wird durch die Existenz des Telemach absurd.

Auch darüber hat Gluck in den leider so berühmten Vorreden nichts gesagt, daß ein Teil seiner musikalischen Neuerungen auf Verschmelzung italienischer und französischer Opernkunst hinauskam und daß er mit der Einführung von Chören und Instrumentalsätzen in das italienische Musikdrama in einen geschichtlichen Prozeß energischer eingriff, der schon lange gespielt hatte. Dieser Tatsache entsprach es wie ein Walten der Vorsehung, daß er seine Wirksamkeit auf französischem Boden abschließen konnte. Die Pariser „Iphigenie auf Tauris" ist das abgeklärteste und vollendetste der Gluckschen Reformwerke geworden, und hat am stärksten dazu beigetragen, daß mitten in der Zeit der Aufklärung die Oper als Abbild griechischer Tragödie, als Trägerin antiker Kultur noch einmal auflebte. Aus Ségurs Denkwürdigkeiten kann man sich überzeugen, wie in Paris die Glucksche Reform richtig als Teil einer allgemeinen, zweiten Renaissance aufgefaßt, und mit den gleichzeitigen Umwälzungen im geistigen und sittlichen Leben in Zusammenhang gebracht wurde. Es hat von Hasses Auftreten ab ein halbes Jahrhundert gedauert, bis dieser letzte Aufschwung der Renaissanceoper gesichert war; mit Spontinis „Olympia" ist er wieder zu Ende. Wir müssen uns heute resignierter als je mit der Tatsache abfinden, daß ein Musikdrama mit antikem Dichtungsmaterial eine Illusion ist. Aber unter den großen Männern, die dafür ihre Lebenskraft eingesetzt haben, bleibt Gluck unsterblich, wenn nicht durch seine Werke selbst, so doch durch die Ideen, aus denen sie geboren sind. Um ihretwillen sollten sie auf Bühnen, die Kunstanstalten sein wollen, nie zu vermissen sein. Nach dieser Richtung hin sollten sich unsere jungen Musiker eifriger in sie vertiefen! Dazu anzuregen, war der Zweck dieser Zeilen.

Die Correspondance littéraire als musikgeschichtliche Quelle.

Von

Hermann Kretzschmar.

Die Geschichte der französischen Oper ist bekanntlich vor der der italienischen dadurch im großen Vorteil, daß ihr Partiturenmaterial fast vollständig erhalten ist, während im italienischen Musikdrama zahlreiche wichtige Werke spurlos verschwunden sind. Auch mit der kommentierenden Literatur verhält es sich ähnlich, wenigstens was die Beiträge im kleinen betrifft. Ihnen ist es zustatten gekommen, daß sich die Hauptentwickelung der französischen Oper in der Weltstadt Paris vor einer früh entwickelten Presse, innerhalb einer von Schöngeistern beherrschten Gesellschaft abspielte. Die überkommenen Berichte sind zwar nicht für alle Perioden gleich lückenlos und klar; dafür liegen sie bei einzelnen im Plural und von Verfassern vor, deren Persönlichkeit Bedeutung hat. Unter diese Gruppe gehören die musikalischen Mitteilungen der „Correspondance littéraire".

Diese „Correspondance" war eine Zeitschrift nach Art der modernen „Revuen", die bald monatlich, bald halbmonatlich, jedoch. immer nur handschriftlich versendet wurde. Die Erbprinzessin, spätere Herzogin Dorothea von Sachsen-Gotha, hat das Unternehmen veranlaßt und an den deutschen und nordischen Höfen so eingeführt, daß der Herausgeber die „Correspondance" im Februar 1769 als „un travail . . . consacré aux personnes les plus éclairées et les plus augustes de l'Europe" bezeichnen konnte. Auch Friedrich der Große und Katharina II. gehörten unter die Subskribenten und das Interesse der gekrönten Häupter veranlaßte die ganze höhere Gesellschaft, das Hofjournal zu halten. Schon durch diesen Leserkreis hat die Korrespondenz kulturgeschichtlichen Wert; sie gibt zuverlässigen, lebendigen und reichen Aufschluß über das geistige Niveau der oberen Schichten des sogenannten „ancien régime". Es darf hinzugefügt werden: auch einen sehr rühmlichen. Denn der Inhalt der „Correspondance" ist ganz überwiegend auf die wichtigsten und edelsten Erscheinungen gerichtet, die in der Wissenschaft, der Kunst, der Technik, der sozialen Entwickelung des achtzehnten Jahrhunderts zutage treten. Politik war nicht ihres Amts. Kriege und Staatshändel werden deshalb nur gestreift, Naturereignisse dagegen, die, wie das Erdbeben zu Lissabon, das Herz der Mitlebenden in Bewegung setzen, sind literarisch kaum an einer zweiten Stelle so eindringlich verewigt wie in der Korrespondenz. Alles, was in der zweiten Hälfte des achtzehnten Jahrhunderts die Menschheit fördern konnte, Schutzpockenimpfung, Luftballon, Finanzreform, ist zuerst von diesem Organ zur allgemeinen Kenntnis gebracht und in seinem Wesen und seinen Konsequenzen gründlich gewürdigt worden. Der besondere Heroldsdienst der Korrespondenz gilt aber den Wissenschaften, der Literatur und den Künsten. Sie berichtet ausführlich über alle bedeutenden Bücher und Schriften, über die Tätigkeit von Akademien und gelehrten Gesellschaften, über Universitäten, über Dichtungen, Bilder, Skulpturen, über große Leistungen der Architektur, der Gartenkunst, über Ausstellungen und über die Theater. Die Beobachtungen und Mitteilungen beschränken sich nicht etwa auf Paris, sondern erstrecken sich über alle Kulturländer mit Einschluß Amerikas. Die „Correspondance" ist dadurch eine räsonnierende Chronik alles Bedeutenden von 1747 bis 1790. In dieser Zeit hat sie drei Herausgeber gehabt: Raynal, Grimm und Meister. Von ihnen ist Grimm der wichtigste. Ihm verdankt die „Correspondance" ihren Aufschwung und ihr Ansehen. Er überragt Vorgänger und Nachfolger durch Weite des Blicks, durch umfassende Bildung und auch durch Redaktionsgeschick. Das letztere bewies er namentlich dadurch, daß er seine eigenen Berichte durch Einlagen bereicherte: Briefe berühmter Männer, Sitzungsberichte von Instituten und andere Schriftstücke, die der Öffentlichkeit entzogen, den hohen Abnehmern die Korrespondenz ganz besonders wertvoll machen mußten. Auch war die Tätigkeit Raynals und Meisters nur kurz. Von den sechzehn, jeder gegen 600 Seiten starken Bänden, in denen heute die „Correspondance littéraire" in der Tourneuxschen Ausgabe (1879) gedruckt vorliegt, kommen auf Raynal der erste und der halbe zweite, auf Meister der letzte Band, die übrigen sind die eigene Arbeit Grimms. Er hat der scheinbar unbedeutenden Aufgabe einer einfachen Berichterstattung den Ruhm großer selbständiger Werke geopfert. Dafür ist ihm die Nachwelt darin dankbar gewesen, daß sie die „Correspondance littéraire" nach Grimms Namen benennt; der ganzen Bedeutung, die seine Arbeit aber für Zeit- und Kulturgeschichte hat, ist sie noch nicht gerecht geworden. St. Beuve, Scherer und Mahrenholtz, die ihn im neunzehnten Jahrhundert behandelt haben, heben jeder nur einzelne Seiten seiner „Correspondance" hervor, der letztgenannte insbesondere Grimms Verdienste um die erste Einführung Klopstocks, Lessings, Geßners, Lavaters und anderer deutscher Literaturgrößen in Frankreich. Aus diesem Grunde ist hier die universelle Bedeutung Grimms und seiner „Correspondance" betont worden.

Für die Musikgeschichte hat die „Correspondance" den Wert einer Kriegskorrespondenz. Grimms Aufenthalt in Paris fällt in die Zeit, wo die Wogen des alten Streits über die Vorzüge und Mängel der französischen Oper am höchsten gingen, wo es sich darum handelte: ob die französische tragédie lyrique ihre Selbständigkeit behalten oder im eigenen Lande dem italienischen

Musikdrama weichen sollte. Über diese Wirren berichtet Grimm als Augenzeuge, jedoch nicht als unbeteiligter, objektiver Zuschauer, sondern als leidenschaftlicher Parteigänger der italienischen Fraktion. Sein Bildungsgang hatte ihn auf diese Seite gebracht, man kann vielleicht sagen, schon seine Geburt. Denn wer im achtzehnten Jahrhundert nicht als Franzose geboren war, der ließ wohl französische Suite und Ballettmusik, auch französische Bläser gelten, aber nicht die französische große Oper. So stark und allgemein das gebildete Europa unter dem Einfluß französischer Kultur stand, zur Pariser tragédie lyrique, dem künstlerischen Hauptwerk Ludwigs XIV., verstand man sich auf die Dauer nirgends.

Grimm, 1723 in Regensburg als Pfarrerssohn geboren, hatte in Leipzig unter Ernesti und Gottsched studiert, unter dessen Auspizien auch eine fünfaktige Tragödie „Banise" verfaßt und war 1748 mit dem jungen sächsischen Grafen von Friesen nach Paris gekommen. Höchstens in Dresden konnte er die italienische Oper an einer Hauptquelle kennen gelernt haben. Und dennoch trat er bei der ersten Gelegenheit als eifriger Gegner des französischen Musikdramas in die Schranken, nämlich mit einem im „*Mercure de France*" (1752) veröffentlichten Aufsatz über die Oper „*Omphale*" von Destouches. In ihm vernichtet er nicht bloß dieses einzelne Werk, sondern den ganzen Destouches und die französische Musik noch dazu. Diese „Omphale" war als Ausstattungsstück so berühmt, daß Schott im Jahre 1727 glaubte, mit ihr die Hamburger Oper noch einmal retten zu können; musikalisch gehört sie zu den schwächeren Arbeiten von Destouches. Trotzdem konnte es nur einem Ignoranten einfallen, diesen Komponisten als eine Null zu behandeln. Denn in der mageren Zeit zwischen Lully und Rameau zählt sein Talent doppelt. Er und Campra sind die einzigen Opernkomponisten, die damals den Stil Lullys weitergebildet haben. Destouches tat dies in der Weise, daß er Sologesänge einführte, die im wesentlichen Orchesterstücke waren, instrumentale Idyllen und Schauerbilder mit darüber gelegter, erklärender Singstimme, also nach derselben Methode, die in unserer Zeit durch Wagner zu einer neuen, glänzenden Verwendung gekommen ist. Trotz ihrer Ungerechtigkeit hat Grimms Omphalekritik doch stark gewirkt und bis heute, wenigstens in Handbüchern und selbst in französischen Arbeiten, Destouches um die Stellung gebracht, die ihm gebührt. Ihr flotter Stil machte den schon durch die Protektion des Herzogs von Orléans beachtenswerten Verfasser schnell zur Autorität. Als solche ließ er sich 1753 wieder in einem längeren Aufsatze vernehmen, der den Titel führt: „*Vision du petit prophète de Boehmisch-Broda*". Das ist eine Humoreske in der Manier des „*Diable boiteux*". Der Prager Lautenmeister und Menuettenkomponist Waldstorch wird in einer Luftreise nach Paris verzaubert. Hier wohnt er einer Aufführung in der großen Oper bei und hält sie für eine Marionettenvorstellung. Sachlich ist das Pamphlet nur eine Fortsetzung und Steigerung des Briefs über *Omphale*. Wie dort dem Destouches und noch schlimmer spielt er hier dem Lully und Rameau mit. Gnade findet nur die bekannte Sängerin Mademoiselle de Fel. Der Erfolg dieses zweiten Streichs war noch größer als der des ersten. Der „Kleine Prophet" fand den Beifall Voltaires und aller witzigen Leute, er wurde nachgeahmt. Noch 1760 erschien in dem „Récueil des Facéties Parisiennes" eine „Vision von Charles Palissot", die in dem von Grimm beliebten Ton der Offenbarung Johannis die Philosophen aufs Korn nahm.

Mit demselben Überwiegen von Witz und Pointe über Wahrheit und Sachkenntnis hat nun Grimm auch in der Correspondance, die er gleich nach dem Erscheinen des *Kleinen Propheten*, 1753, übernahm, musikalisch berichtet. Trotzdem sind diese Berichte aber wertvoll und Fétis (in der *Biographie universelle*), Carlez (in der Monographie: *Grimm et la musique de son temps*, 1872) und Jullien (*La musique et les philosophes etc.*, 1873) gehen zu weit, wenn sie diese Berichte als bloße Entstellungen behandeln. Man muß an ihnen immer abziehen, daß ein Dilettant und ein Parteimann spricht und darf keins seiner Urteile ohne Nachprüfung übernehmen. Seine ganze Ästhetik darf über Bord geworfen werden, da sie der technischen und geschichtlichen Grundlage entbehrt. Und doch bleibt dann immer noch genug, was diese Correspondance littéraire zu einer bedeutenden und ergiebigen Quelle für die Musikgeschichte macht. Denn sie enthält Mitteilungen über Pariser Opernverhältnisse im allgemeinen, über intime, für einzelne Werke und Komponisten entscheidend gewordene Hergänge, die sich an keiner andern Stelle finden. Sie macht ferner mit den Namen und der Leistungsfähigkeit hervorragender Sänger bekannt, endlich auch mit dem Geschmack des Publikums. Dies dadurch, daß sie die Nummern anführt, die bei der ersten Aufführung ausgezeichnet wurden und die, welche in die Hausmusik, in den Straßengesang drangen. Der Mozartbiographie Jahns und der Rousseaubiographie Jansens hat die Correspondance mit ihren Notizen und Anekdoten ganz ausgezeichnete Dienste getan. Sie in dieser Hinsicht noch fruchtbarer zu machen, ist der Zweck dieses Aufsatzes.

Um ihn zu erreichen, ist der nächstgebotene Weg der, eine Übersicht ihres musikalischen Inhalts zu geben. Die Berichte reichen von der Zeit Rameaus bis zu der Cherubinis. Da aber auch die früheren Perioden Grimm öfters beschäftigen, werden auch die Artikel anzuführen sein, die sie behandeln.

Da findet sich denn gleich in Band I, S. 104 bis 108, eine Geschichte der französischen Oper von den Anfängen bis zu Lully, die als Abriß einer komplizierten Entwickelung ein Meisterstück ist. Sie nimmt den richtigen Ausgangspunkt von den Versuchen, das italienische Musikdrama in Frankreich einzuführen. Dabei ist ein falsches Datum zu korrigieren, das immer wieder nachgedruckt wird; der „*Orfeo*" Rossis nämlich wurde nicht 1647, sondern schon 1645 in Paris aufgeführt. Der Artikel ist ziemlich der einzige in der ganzen Korrespondenz, in dem von Lully ohne Malicen gesprochen wird. Er kommt auch nicht auf Rechnung Grimms, sondern fällt noch in die Zeit, wo das Unternehmen unter Raynals Redaktion sich „Nouvelles littéraires" nannte. Der Académie Royale aber scheint auch Raynal nicht gerade wohlgesinnt zu sein; er führt das böse Wort Saint-Evremonds an, der die Oper eine „sottise chargée de musique, de danse et de machines" genannt hat. Grimm leistet solche Schmähungen aus eignem und ist dabei sehr erfinderisch; jedes Jahr hat er für das Institut ein neues, herabsetzendes Epitheton. Einmal wird sie als „triste veuve" vorgeführt, ein andermal nennt er sie „ce triste théâtre de l'opéra". Als das Gebäude der Académie abbrennt, meint er: Niemand hätte voraussetzen können, daß in einem Gletscher (glacier) Feuer ausbrechen würde. Sie ist unheilbar mit der „maladie de langueur" behaftet, sie mißbraucht den Titel und das Privileg eines Königlichen Instituts, um die schlechteste Musik in ganz Europa zu machen und im ganzen Königreich gute zu unterdrücken. Man solle ihr nur auch noch die Dudelsackpfeifer und Savoyarden unterstellen. Er nennt die Große Oper „eine alte Budike", in die man nur aus Gedankenlosigkeit und Unverstand gehe. Als er einige Zeit nichts über sie mitgeteilt hat, stellt er sie den Lesern von neuem als die „Académie d'ennuyeuse commémoration" vor. Den Besuch des Königs von Dänemark benutzt er, frei nach Montesquieu, zu einem „Lebewohl eines Dänen" an die Franzosen mit Spottversen über die Oper. Den Tod zweier berühmter Ballettänzerinnen meldet er mit der Wendung, daß „un lieu de perdition et d'ennui tel que l'opéra français" einen Verlust erlitten habe. Erst als unter der Direktion von Vismes das Repertoire sehr bunt wird und nach der Art unserer heutigen Stadttheater große und kleine, ernste und burleske Kunst durcheinander wirft, hört die Académie auf, für Grimm der Inbegriff der Langweile zu sein. Diese Direktionsperiode mußte in Grimm besondere Sympathien dadurch erwecken, daß sie in der Akademie die französischen Komponisten bedrängte. Nicht viel fehlte, daß damals das ganze französische Theater sich den Italienern beugte: Metastasio wurde in Paris übersetzt, gespielt und nachgebildet. Auch in der Periode Glucks kritisiert Grimm das Grundwesen des Instituts milder. Aber in kleinen Stößen und Stichen bricht die innere Abneigung immer wieder durch und sie überträgt sich auf alle, die mit der großen Pariser Oper zu tun haben. Es klingt immer wegwerfend, wenn er von den „filles de l'opéra" spricht; so oft in der Stadt Gerüchte über Streitereien und Eifersüchteleien von Sängerinnen, über Unregelmäßigkeiten, Ungehörigkeiten in der Verwaltung, über Einmischung hoher Liebhaber und Finanzkräfte umlaufen, unterbreitet er sie mit Behagen. Hier ist ein Punkt, wo Grimm entschieden schwach ist und sichtlich auch auf eine Schwäche seiner Leser zählen durfte. Marcellos „teatro alla moda" war noch nicht vergessen. Noch 1750 erschien auf dem Pariser Théâtre Italien eine Komödie „Le sommeil de Thalie", die dessen Satyre gegen die Oper und die Operisten einfach dramatisierte. Die Opernsängerinnen und ihre schwarze Wäsche waren ein Lieblingsthema des Dichters Roy. Am übelsten spielt Grimm aber doch den Komponisten mit.

Bei Lully war die unmittelbare Gelegenheit beschränkt. Über ihn hat die „Correspondance" nur dreimal ausführlich berichtet: 1755 wohnt Grimm einer Aufführung des *Thésée* (III, 3), 1758 einer der *Alceste* (III, 463) bei, 1770 sieht er bei der Vermählung des Herzogs von Aumont den *Persée* (IX, 77). Von der letzteren Aufführung heißt es: „die Oper ,*Persée*' hat prächtig gelangweilt, der einzige pikante Augenblick ... war als Le Gros, der Darsteller des Persée, aus Versehen der Andromeda zu Füßen stürzte; über diesen Fall hat die Frau Kronprinzessin sehr gelacht". Man denke: hundert Jahre nach Lullys Tod wird noch einmal eine seiner Hauptopern aufgeführt, und da ist ein ganz trivialer Zwischenfall das einzige, was diesen Berichterstatter an dem Ereignis interessiert. Beim *Thésée* begnügt er sich die Tatsache der Aufführung anzugeben: „les paroles sont de Quinault et la musique de Lulli". Die *Alceste* aber hatte einen außerordentlichen Erfolg. Den verheimlicht er erfreulicherweise nicht, aber er reizt ihn zu einem kräftigen Ausfall gegen den Komponisten. „Diesen Lully — sagt er — haben wir länger als ein halbes Jahrhundert für ein Genie ausgegeben, obgleich seine trübseligen und frostigen Werke niemals die Wärme einer wirklichen Phantasie ausgestrahlt haben. Hasse, der so viel von der Leichtigkeit und Beweglichkeit der Franzosen gehört hatte, konnte, als er in Frankreich war, gar nicht genug über die Geduld staunen, mit der man in der Oper sich eine so schwerfällige und eintönige Musik gefallen ließ. Die Gewohnheit ist eben die stärkste menschliche Macht, und sie führt zu den wunderlichsten Erscheinungen."

Es bot aber sich für Grimm bei seinen zahlreichen kürzeren und längeren Exkursen noch Veranlassung genug auf Lully zu kommen. Da sind denn die immer wiederkehrenden Vorwürfe gegen den Schöpfer der französischen Oper die: daß er Rezitativ und Arie nicht auseinander hält, daß er jede Art von Text in demselben ausdruckslosen, „psalmodierenden" Ton gibt, daß in seinen Opern sich Tänze und Chöre viel zu breit machen. Diese Ausstellungen sind zum Teil berechtigt. Lully mischt in der Tat in seine Rezitative in der Regel viel zu viel Coupletton ein, ganz ähnlich wie die Cestische Schule der Venetianer es für nötig hält, den Dialog fortwährend mit Koloraturen und Melodien zu beleben. Aus diesem Grunde ist die Behauptung von Fétis gar nicht zu begreifen, daß Lully sich an Cavalli gebildet habe. Lully fürchtet, wie die Mehrzahl der zeitgenössischen Italiener, den „tedio del Recitativo". Aber die Ursache ist bei ihm nicht Unsicherheit im Stil, sondern Rücksicht auf Sänger und Publikum. Aus den zeitgenössischen Berichten, die Grégoir in „*les Gloires de l'opéra*" gesammelt hat, geht hervor, daß, wie für Cambert, auch für Lully und seine nächsten Nachfolger nur ein schwaches Sängermaterial zur Verfügung stand. Die Partituren zeigen, worin die Hauptschwäche bestand: im Rhythmischen. Dieser Art von Künstlern war nur bei möglichst viel gleichen Noten wohl. Darin begegneten sie sich mit der Zuhörerschaft, die ausschließlich an Volksmusik und Tanzmelodien gewöhnt, einer freieren Tonbewegung nicht zu folgen vermochte, und diese Fähigkeit erst allmählich durch die Pflege der Kantate im häuslichen Kreis erwarb. Lully legte sich, diesen Verhältnissen Rechnung tragend, in der Behandlung des Dialogs freiwillige Fesseln auf. Daß er von Natur ein ganz genialer Deklamator war, hat er auch im Rezitativ oft genug bewiesen, und der Dilettantismus Grimms zeigt sich darin, daß er das nicht bemerkte. Auch sein geschichtlicher Sinn war so gering, daß er allen Ernstes behaupten konnte: dem französischen Sologesang liege das Muster des Altargesangs der Protestanten zu Grunde. Diesem Mangel entsprang seine ganze falsche Auffassung der französischen Oper. Wohl hat er Recht darin, daß in ihr Chöre und Tänze durchschnittlich zu viel Raum einnahmen, aber er hat nie danach gefragt, woher das kam. Die Franzosen hatten bei der ersten Bekanntschaft mit dem Musikdrama vor den Italienern voraus, daß sie eine große, geschlossene Nation waren. Ein berechtigter Nationalstolz bestimmte auch ihre Stellung zu Kunstfragen. Daher duldeten sie nur eine Oper aus eigenem Gut; ihr Musikdrama durfte zwar antike Fabeln benutzen, aber es mußte im übrigen in Dichtung und Musik echt französisch sein. Ein Musikdrama, das ihre größten bisherigen musikalischen Nationalleistungen, die dramatischen Balletts, überging, war für sie unmöglich. Das Ballett wurde also der Grundstock der französischen Oper; mit ihm hatten Dichter und Komponisten zu rechnen, und die Ansicht, daß die Oper musikalischen Motiven entsprungen sei, die für das Musikdrama der Italiener zurückgewiesen werden muß, ist für Frankreich bis zu einem gewissen Grad richtig. Der Einfluß des Balletts hat dem Drama in der französischen Oper viel geschadet. Selbst Quinault, der doch unter dem Einfluß Corneilles und Racines stand, hat Operndichtungen geschrieben, deren Handlung wie ein Vorwand erscheint: Entrées, Aufzüge und Feste aneinanderzureihen. Die italienischen Dichter waren viel freier. Indes auch die französischen konnten trotz der Ballettschranke immer noch Dichter und Dramatiker bleiben, und haben das von Quinaults „Armide" ab bis auf Jouys „Vestalin" oft genug bewiesen. Es handelte sich nur darum: den Apparat von Chören und Charaktertänzen gut und maßvoll in die Handlung einzufügen. Da stehen denn dem Mißbrauch von Dämonen und Genien, von Schäfern und Hirten in der Dichtung der französischen Oper eine große Menge von Szenen gegenüber, in denen diese und verwandte Ballettelemente zu feierlichen, wunderbaren, lieblichen Wirkungen benutzt sind, denen das italienische Musikdrama nach dem Ende der Florentiner Chorperiode etwas Gleiches nicht gegenüber zu stellen hat. Ja, die französische Oper gelangte von dort aus zu einer Virtuosität in der Wiedergabe der äußeren Situation, die bis heute ihr Vorzug geblieben ist. Einen Zapfenstreich, einen Jahrmarkt, einen Volksauflauf und andere Vorgänge des gewöhnlichen Lebens mit zwingender Poesie zu schildern, hat sie an den Balletts gelernt und allmählich den anderen Nationen gelehrt. Selbst die „Meistersinger" und andere Werke R. Wagners stehen darin auf altfranzösischem Boden.

Das entging unserem Grimm, und seine Voreingenommenheit wuchs noch durch seine Bekanntschaft mit Rousseau. Ihn gibt Grimm schon bald als einen widerspruchsvollen, egoistischen „Sophisten" (IV, 342) auf, aber an Rousseaus Theorie, daß die Franzosen keine Oper haben könnten, weil ihre Sprache zu unmusikalisch sei, hielt er auch dann noch fest, als sie Rousseau selbst mit seinem „Devin du village" praktisch widerlegt hatte.

Rechtzeitig hatten die Franzosen bemerkt, daß ihrem Musikdrama Äußerlichkeit und Einseitigkeit drohe, daß sie in der eigentlichen Hauptsache, in der Kunst Seelenzustände zu schildern und Charaktere zu gestalten, den Italienern bedeutend nachstanden. Sie versuchten deshalb sich an diesen zu bilden. Es wurden venetianische Intermezzi in die Académie Royale und auf Nebenbühnen eingeführt, und von einheimischen Komponisten, wie Campra, nachgebildet. Unter dieser Konkurrenz verlor aber natürlich die nationale große Oper, die tragédie lyrique, an Interesse. Ihre Existenz kam geradezu in Gefahr als eine übereifrige Literatenpartei, die mit des Abbé Raguenet's Broschüre: „Parallèle des Français et des Italiens" im Jahre 1702 zuerst zu Worte kam, die französische Musik beim Vergleich mit der italienischen radikal verwarf. In diesem kritischen Augenblick ward J. Ph. Rameau der Retter der französischen Oper, und zeigte mit einer Reihe großer Werke, an deren Spitze *Castor und Pollux*, *Dardane*, *Zoroaster* stehen, was ein Meister aus dem Lullyschen Schema machen kann. Rameau drang nur schwer gegen Lullysten und andere Gegner durch; der Hauptschreier der italienischen Partei, J. J. Rousseau, machte ihm mit dem Spitznamen „Akkorddestillateur" das Leben bedenklich schwer. Erst von den Jahren 1748 und 1749, wo die Académie hintereinander fünf Rameausche Arbeiten brachte, datiert seine Anerkennung.

Da Grimm von allen diesen Vorgängen wiederum nichts wußte, nahm er auch gegen Rameau in seiner Korrespondenz sofort eine falsche Stellung ein. Es ist nicht unwesentlich, daß seine Berichte den Namen Raguenet und die fünfzigjährige Geschichte des Pariser Opernstreits nicht kennen. Er war folglich auch außer stande, die Verdienste Rameaus, unter denen die Geltendmachung italienischen Stils im französischen Musikdrama nicht das geringste war, zu würdigen. Aber seine Blindheit ging noch weiter. Die Berichte der Correspondance über Rameaus Opern beginnen 1747. Da werden die *„talents lyriques"* von 1739 wiederholt (I, 80), dann folgen neu: *Zais* (I, 142) 1748, *Pygmalion* (I, 226), *les fêtes de l'Hymen* etc. (I, 238), 1749 *Nais* (I, 295), *Zoroastre* (I, 385). Diese Berichte stehen noch in den „Nouvelles littéruires" und stammen von Raynal. Rameau wird von ihm nicht bloß würdig behandelt, sondern Raynal tritt bei Angriffen für ihn ein. So ist die Ouvertüre von *Zais* wegen eines langen Wirbels bedeckter Pauken als die „Begräbnismusik eines schweizer Offiziers" verspottet worden. Da setzt der Referent auseinander, wie dieser Effekt dramatisch wohl begründet ist, macht überhaupt auf den außerordentlichen Phantasiegehalt des Rameauschen Orchesters aufmerksam und schließt: „Rameau ist der einzige unter unseren Musikern, der im höchsten Grad die Gabe besitzt: Naturvorgänge ins Musikalische zu übertragen. Das harmonisch poetische Gehör kommt bei ihm immer, selbst bei den geringsten Anlässen, auf seine Rechnung". Wo ihm seine Überzeugung zu loben nicht gestattet, schweigt Raynal, gibt aber auch in solchen Fällen gewissenhaft Rechenschaft von der guten Aufnahme, den zahlreichen Wiederholungen und stattet das Bild des Rameau-Kultus mit charakteristischen Zügen aus. Für den Geschichtsschreiber dieser Periode sind darunter die gereimten Epigramme, die in Presse und Gesellschaft zirkulierten, von besonderem Wert. Aber auch einzelne Anekdoten belegen die Macht, die Rameau auf die Gemüter übte, sehr drastisch: Ein Engländer bemühte sich vergeblich, zu einer der vielen Vorstellungen des „Zoroaster" ein Billett zu bekommen. Balkon, Logen, Amphitheater, alle die Plätze, die für die vornehme Gesellschaft in Betracht kamen, waren stets ausverkauft, so daß er schließlich die Franzosen für die rätselhaftesten Leute auf der Welt hielt. „Denn, — erklärte er seinem Freund Raynal — ich komme nicht in ein einziges Haus, wo nicht die schrecklichsten Dinge von diesem „Zoroaster" erzählt werden, und nun bin ich zehnmal danach gelaufen, und habe nie einen Platz bekommen können." Nicht ungern hört man bei dieser Gelegenheit, daß die Musiker von Fach gleich von Anfang an entgegen der Meinung von Publikum und Hof im „Zoroaster" ein Meisterwerk sahen und an die Nachwelt appellierten.

Wenn Grimm sich nun bei der ersten Gelegenheit in schärfsten Gegensatz zu seinem Vorgänger stellt und sein Italienertum demonstrativ hervorkehrt, so reizte ihn dazu die Aufnahme, die neuerdings wieder italienische Buffoopern in Frankreich gefunden hatten. Diesmal, im Jahre 1752, waren sie, literarisch eifrig sekundiert, von der Gesellschaft mit einem Interesse empfangen, hinter dem Politik und Parlament ganz verschwand, mit Werken von Pergolesi, Cocchi, Seletti, Rinaldo di Capua, Latilla, Jomelli, Campi, Leo, so stark in die Académie royale eingedrungen, das kaum noch für Rameau ein Platz blieb. Grimm glaubte ihn wohl schon vollständig beseitigt, und danach richtet er seinen ersten Rameaubericht im Jahre 1753 ein. Es handelt sich um eine Aufführung der „*talents lyriques*" und der „*Fêtes de l'Hymen*" (II, 306). Er tut diese Arbeiten mit dem doppelten Hinweis auf Lullys „*plain chant*" und auf den famosen „*Lettre sur la musique*" Rousseaus ab. Bei diesem Verfahren bleiben auch die folgenden Berichte (*les surprises de l'amour* III, 409, *les Paladins* IV, 198, *Castor* VI, 306, IX, 77, XII, 173, XIII, 193). Grimm geht niemals auf die besondre Komposition Rameaus ein, er sieht in ihm nur den Vertreter eines widerwärtigen Systems und wiederholt in immer andren Worten als Summe seiner kritischen Weisheit: die Franzosen begehen eine Lächerlichkeit, wenn sie diesen Rameau unter die ersten Musiker der Zeit rechnen; eine einzige Arie von Hasse oder Buranello ist mehr wert, als die gesamten Opern dieser vermeintlichen Größe. Grimm hielt sich als Komponist eines kleinen Vaudevilles „Nanette" für mehr als einen Dilettanten, er gibt sogar in der Correspondance einmal (IV, 12) seinen hohen Lesern eine Probe seines Talents mit einem Couplet, das nicht übersehen werden darf. Denn es ist ganz in dem geschmähten Stil Lullys, allergewöhnlichste Tanzmusik. Auch die andren Musikstücke, die Grimm seinen Berichten einverleibt hat, und zwar als ihm wohlgefällige Paradigmen von Pariser Favoritmusik, gehören zu diesem Schlag. Seine Praxis widerspricht also seiner Theorie. Es bedarf aber für seine mangelhafte musikalische Qualifikation gar keiner direkten Beweise. Denn bei aller grundsätzlichen Gegnerschaft gegen das System der französischen Oper ist es für einen Urteilsfähigen doch ausgeschlossen: einem Rameau die musikalische Bedeutung abzusprechen und ihn höchstens als Komponisten kleiner, antediluvianischer Klavierstückchen gelten zu lassen. Auch Rameaus Theorien hat Grimm für müßig erklärt, die nächste Generation schon würde sich nicht um sie kümmern. Nun, noch heute dankt es die musikalische Jugend Rameau, daß er wirkliche harmonische Begriffe eingeführt und durch den Nachweis der Verwandtschaft des Dreiklangs mit seinen Umkehrungen das Verständnis harmonischer Phänomene wesentlich vereinfacht und erleichtert hat. Ähnlich haben Grimms Prophezeiungen auch die Wirkung von Rameaus Opern nicht zu vernichten vermocht, denn sie sind für die französische Schule bis zur Gegenwart die Grundlage geworden. Aber ihrer direkten Wirkung auf die Zeit hat er vielleicht doch geschadet, die deutschen Höfe von ihrer Bekanntschaft zurückgehalten und damit die allgemeine internationale Reform des Musikdramas um einige Jahrzehnte aufgehalten.

Daß sich in dieser Stellung Grimms zu Rameau nicht bloß intellektuelle Unzulänglichkeit äußert, sondern auch persönliche Abneigung und Erbitterung, ist sehr wahrscheinlich. Rameau führte eine scharfe Sprache und hat sie den dreisten Rousseau fühlen lassen. Du könnte wohl auch ein oder der andere ungebuchte Hieb gegen den Bundesgenossen Grimm mit abgefallen sein. So würde sich die Gereiztheit erklären, mit der er noch jahrzehntelang den toten Rameau verfolgt. Sogar auf seine körperliche Häßlichkeit kommt er wiederholt zurück. Unter diesen Umständen muß es Grimm als Beweis von Ehrenhaftigkeit angerechnet werden, daß er wenigstens Tatsachen, die dem verhaßten Rameau zum Ruhm gereichen, nicht unterschlägt. Dahin gehören die Ovationen, die dem Heimgegangenen von Gesellschaften und einzelnen Verehrern bereitet wurden; französische Dichter brachten immer neue „Eloges" und „Rameïdes". Dahin gehören noch wichtiger die Aufführungen Rameauscher Opern. Rameaus „Castor" war noch in den achtziger Jahren die vornehmste Festoper

des Hofes und der Akademie. Grimm berichtet das mit Ingrimm und mit
höhnischen Glossen, aber er berichtet es. Ob es ihm Eindruck gemacht
hätte, daß dieser nach seiner Meinung wertlose „Castor" auf Händel und
Bach wirkte?

Den Durchnittston, in dem Grimm mit den weniger namhaften Vertretern
der großen französischen Oper umgeht, kann man aus dem Satz entnehmen,
den er einmal (VIII, 210) über Dauvergne schreibt: „Aeneas und Lavinia
ist von einem gewissen Dauvergne als Psalmodie ausgeführt worden. Vor dem
möge Gott Ihre Ohren bewahren!" Ein gewisser Dauvergne! Und doch hatte
Grimm vor Jahren selbst schon über ihn und von dem leidlichen Erfolg seines
bereits 1690 komponierten „Enée et Lavinie" berichtet. An Tendenz und
Glaubwürdigkeit stehen alle seine Urteile über die Männer und die Werke
zweiten Ranges auf derselben Stufe wie die über Lully und Rameau. Es
mußte eben alles, was diese Académie brachte, schlecht oder mittelmäßig
sein. Doch ists nicht unnütz ein Gesamtregister auch dieser Berichte zu
geben. Es sind folgende: 1. Boismortier: „Daphnis et Chloë" (I, 95 Rayual),
2. Blamont: „les Caractères de l'Amour" (I, 395 R.), 3. Brassac: „Léandre et
Héro" (I, 429 R.), 4. Campra: „les fêtes Vénétiennes" (I, 439 R.), 5. Royer:
„Almasis", Brassac: „Linus", Rebel et Francoeur: „Ismène" (I, 473 R.),
6. Colasse: „Thétis et Pelée" (II, 7 R.), 7. Bury: „Titon et l'Aurore",
Lagarde: „Apollon" (II, 31 R.), 8. Mondonville: „Titon et l'Aurore" (II,
365 Grimm), 9. Destouches: „les Elements" (II, 370), 10. Mondonville:
„Pastorale languedocien" (II, 428), 11. Mouret: „les fêtes de Thalie" (II, 334
und III, 3), 12. Rebel et Francoeur: „le prince de Noisy" (IV, 325), 13.
Dauvergne: „Canente" (ebenda), 14. Dauvergne: „Hercule mourant" (IV, 368),
15. Dauvergne: „Polyxène" (V, 221), 16. Laborde: „Thétis et Pélée" (VI,
395), 17. Berton et Trial: „Silvie" (VI, 397), 18. Laborde: „Zénis et Amalsie"
(VI, 399), 19. Berton: „Erosine" (VI, 416 und VII, 119), 20. Mondonville:
„Thésée" (VI, 417), 21. Francoeur: „Fêtes lyriques" (VII, 119), 22. Philidor:
„Sandomir" oder „Ernelinda" (VIII, 262), 23. Laborde: „Ismène" (IX, 237),
24. Trial: „la fête de Flore" (IX, 346), 25. Cardonne: „Ovide et Julie"
(X, 271), 26. Floquet: „l'union de l'Amour et des Arts" (X, 294), 27. Ro-
dolphe: „Isménor" (X, 324), 28. Grétry: „Céphale" (X, 335), 29. Gossec:
„Sabine" (X, 394).

Mit den beiden letztgenannten Namen ist das Jahr 1773 und eine
bessere Zeit erreicht. Bald tritt Gluck auf. Die Mehrzahl der in dieser Liste
aufgeführten Komponisten hat keine Bedeutung für die Musikgeschichte gehabt. Grimm ist aber auch mit denen ungnädig, die Teilnahme verdienen.
Der Erste unter diesen ist Laborde oder Delaborde, derselbe, von dem wir
unter dem bescheidenen Titel „Essai sur la musique" eine vierbändige und
wohl die an selbständigem Material reichste und in den Gesichtspunkten
originellste Musikgeschichte des 18. Jahrhunderts haben. Laborde war

königlicher Kammerherr und schrieb seine Opern für die Hofaufführungen in Fontainebleau, bei denen überhaupt ein großer Teil der angeführten Werke die Zulässigkeit für die Académie Royale zu erproben hatte. Man meint, daß Grimm für einen solchen Mann etwas übrig gehabt hätte. Aber gerade ihm hat die „Correspondance" eins ihrer boshaftesten Epigramme gewidmet. Es fängt an:

> Après Rameau, vous paraissez, la Borde;
> Quel successeur miséricorde!

So sehr alle diese Berichte Grimms menschlich bedenklich sind, so kann sie die Operngeschichte doch nicht entbehren. Sie bieten statistische Aufschlüsse, die nur einmal da sind. Aufschlüsse namentlich über die Lebensdauer einzelner Werke und über den Grad des Interesses, den sie beim ersten Erscheinen erregten. Für diese zweite Frage kommen in erster Linie die „Parodien" der großen Opern in Betracht, von denen Grimm Mitteilungen macht. In Deutschland ist es sehr übel genommen worden, als seinerzeit Berliner Vorstadtbühnen Wagners „Tannhäuser" spaßhaft umbildeten. In Frankreich war es im achtzehnten Jahrhundert die Regel, daß Opern von Bedeutung entweder mit dem Originaltitel oder unter einem blasphemierenden parodiert wurden. Philidors „Ernelinda" erfuhr gleich zwei Parodien, wahrscheinlich zur großen Freude des Autors. Der „Alceste" Glucks folgte eine „bonne femme", seiner „Armide" eine „l'opéra de Province", dem ernsten „Roland" Piccinis ein lustiger, dem „Oedipus" Sacchinis ein „petit Oedipe". Die Dichter und Komponisten dieser Parodien nannten sich ohne Bedenken und das Théâtre Italien fand es geradezu seines Berufs für solche Satyrspiele zu den erfolgreicheren tragédies lyriques zu sorgen.

Es ist bekannt, daß Grimm auch gegen Gluck sich so lange als möglich absprechend hielt. Eine Wendung kam erst mit der Taurischen Iphigénie und auch da ist sein Urteil noch zweideutig. „Ohne mich — sagt er (XII, 250) — in den berühmten Streit (zwischen Gluckisten und Piccinisten) mischen zu wollen, ... muß ich doch gestehen, daß dieses Werk einen außerordentlichen Eindruck zu hinterlassen schien .... Diese Musik reizt allerdings das Ohr nicht, aber sie verdirbt auch die Wirkung der Szene nicht; sie malt häufig die Worte statt der Situation, aber trotz aller ihrer Fehler ist diese Deklamation in Tönen allem vorzuziehen, was heute am „Théâtre Français" geboten wird ... Ich weiß nicht, ob das Gesang ist, aber vielleicht ist es etwas viel Besseres. Wenn ich diese „Iphigénie" höre, vergesse ich, daß ich in der Oper bin und glaube eine griechische Tragödie zu hören." Mehr konnte auch Gluck nicht verlangen und bei Grimm scheint fortan doch die Ahnung von der dramatischen Natur der Oper mehr und mehr sich zum Bewußtsein zu entwickeln. Die Schüler Glucks, zu denen man ja doch auch Piccini rechnen darf, behandelt er nicht bloß mit Wohlwollen, sondern weil sie Italiener sind, mit Enthusiasmus. Sein Abgott wurde Sacchini. Der letzte von denen, die er seinen gekrönten Korrespondenten empfehlen konnte, war Cherubini, der auf der Académie Royale 1787 mit dem „Démophon" erschien (XV, 371). Der komischen Oper der Franzosen in ihren verschiedenen Spielarten brachte Grimm ein besseres natürliches Verständnis und stärkere Neigung entgegen, als ihrer großen Oper. Indes sind die eigentlichen Urteile, die er über die neuen Männer und die neuen Werke der Opéra comique und des Théâtre Italien fällt, in der Mehrzahl ebenfalls unrichtig und haben vor der Geschichte schlecht bestanden. Nur Grétry hat er gleich anfangs zutreffend taxiert; bei allen andern Führern auf dem Gebiete nahm er die Perspektive falsch. Niemand erfährt durch ihn, wodurch denn Duni der Gluck der französischen Opéra comique geworden ist, bei Philidor erklärt er mehrere der besten Werke für die schlechtesten und Monsigny wird bis ans Ende als kleiner Dilettant und Stilverderber behandelt. Trotzdem kann die „Correspondance" auch hier nicht übergangen werden. Einmal nicht wegen der vielen das Bild belebenden Nachrichten über Personalien, Bräuche und Vorfälle. Zum anderen aber sieht doch Grimm auch viele Dinge, die einem ungebildeten Referenten entgehen. Das ist namentlich der Fall mit den Dichtungen der Opéra comique. Hier schließt er den Zusammenhang mit dem Volksleben, den Ursprung aus Anekdoten und Zeitungsnachrichten und den ganzen realistischen Charakter dieses Musiktheaters überraschend auf. Drittens ist seine „Correspondance" eine Fundgrube für biographische Notizen, die zum Teil über die individuelle Bedeutung weit hinaus gehen. Seine Mitteilungen über Herrn und Frau Favart, über die Dichter Sédaine, Cabusac, Beaumarchais, über die Sängerinnen Madame Huberty und Arnauld, über Noverre, Vestris, Servandoni und andre Tänzer und Tänzerinnen, Ballett- und Dekorationskünstler führen aus dem engen Fach in breite Kulturverhältnisse nicht bloß Frankreichs hinein.

Gering ist die Ausbeute der „Correspondance" für die Musik im allgemeinen, hauptsächlich darum, weil die Oper in Frankreich das Interesse ziemlich allein im Beschlag nahm. Was hier abseits der öffentlichen Institute, z. B. im Palais der Marquise von Montesson und von andern hohen Dilettantinnen, unter ihnen auch die Königin und die Hofgesellschaft, geleistet wird, das bucht Grimm mit Eifer. Auch erzählt er uns von manchem Komponisten, daß er Sinfonien geschrieben habe, er führt neben Wolfgang Mozart andere Wunderkinder ein, nennt Schobert und weitere deutsche Pianisten. Aber man hört von französischer Kirchenmusik so gut wie nichts, von allen Versuchen französischer Oratorien kommt außer Mondonvilles „Israélites" keiner vor. Das Auffälligste ist, daß er die „Concerts spirituels" und ebenso die „Concerts des amateurs" nur ganz flüchtig streift. Für ihn waren eben diese Institute nicht wichtig und für seine Leser auf den Thronen auch nicht. Gerade sein Schweigen ist hier beredt und bestätigt die anderwärts festgestellte Wahrnehmung, daß die Entwickelung der Instrumentalmusik eine wesentlich deutsche

Leistung war und daß sie in Deutschland selbst in der entscheidenden Zeit ihre Hauptstütze doch nicht so sehr beim Adel und noch weniger an den Höfen als vielmehr bei Studenten und Bürgern fand.
  Wir müssen Quantität und Qualität der Grimmschen Mitteilungen über Musik lassen, wie sie sind. Für die Operngeschichte bilden sie eine sehr der Kritik bedürftige, aber reiche Quelle. Außerdem geben sie eine allgemeine Lehre darüber, wie weit Dilettantenkritik gehen darf. Denn die Fehler Grimms sind auch die der „Enzyklopädisten", und sie wiederholen sich in der musikalischen Berichterstattung noch heute.

VERZEICHNIS
der
in allen Kulturländern im Jahre 1903 erschienenen
Bücher und Schriften über Musik.
Mit Einschluß der Neuauflagen und Übersetzungen.[1]
Von
Rudolf Schwartz.

*Die mit einem * versehenen Werke wurden von der Musikbibliothek Peters erworben.*

Lexika und Verzeichnisse.

Alcahali,* D. José Ruiz de Libory, Barón de. La música in Valencia. Diccionario biográfico y crítico. Valencia, Imp. Domenech. — Lex. 8°. XLIII, 447 p. mit Illustr. u. Notenbeisp. Pesetas 10.

[Breitkopf & Härtel.]* Die großen Meister. Gesamtausgabe in Bänden, Heften und einzelnen Nummern. Leipzig, Breitkopf & Härtel. — 12°. 346 S. mit vielen Portr.

[Breitkopf & Härtel.]* Verzeichnis des Musikalien-Verlages von Breitkopf & Härtel in Leipzig. Vollständig bis Ende 1902. — 8°. XXV, 1200 u. 36 S. Geb. ℳ 10.

British Museum.* Catalogue of music. Accessions. Part. XIII. By order of the trustees. London, printed by William Clowes and Sons. — 4°. 537 p.

Challier, Ernst.* Grosser Chor-Katalog. Ein alphabetisch geordnetes Verzeichnis sämmtlicher gemischter Chöre mit und ohne Begleitung. (Giessen, E. Challier's Selbstverlag. — 4°. 343 S. ℳ 18.

Chansons des concerts de Paris. Paris, Pascal. — Fol. 2 p. avec grav. en coul. 25 c.

Dassori, Carlo. Opere e operisti; dizionario lirico, 1541—1902: elenco nominativo universale dei maestri compositori di opere teatrali col prospetto cronologico dei loro principali lavori e catalogo alfabetico generale delle opere .... rappresentate in Italia ed all'estero dall'origine dell'opera in musica .... coll'indicazione di data e di luogo della prima rappresentazione avuto speciale riguardo al repertorio italiano, con breve cenno sulla storia del dramma lirico ed un'appendice contenente il quadro-elenco dei compositori più fecondi e la nomenclatura delle opere musicate dieci e più volte (3028 autori; 15040 opere). Genova, tip. istituto Sordomuti. — 8°. 979 p. L. 8.

Dolph-Heckel, J. 300 der gebräuchlichsten musikalischen Fremdworte, alphabetisch geordnet. Wien, Verlag der Fünfhauser Musikschule. — ℳ 0,80.

Eisenberg's, Ludw., grosses biographisches Lexikon der deutschen Bühne im XIX. Jahrhundert. Leipzig, P. List. — Lex. 8°. VII, 1180 S. mit Titelbild. Geb. ℳ 12,50.

---

[1] Die Kenntnis der in Holland, Dänemark und Schweden erschienenen Werke verdanke ich der Güte der Herren P. Jurgenson in Moskau, Nic. Findeisen in St. Petersburg, Prof. Dr. A. Hammerich in Kopenhagen und Dr. A. Lindgren in Stockholm. Für eine Reihe von Mitteilungen aus der spanischen Bibliographie bin ich Herrn Prof. Felipe Pedrell in Madrid zu Dank verpflichtet.

Eitner, Rob. ° Biographisch-bibliographisches Quellen-Lexikon der Musiker und Musikgelehrten der christlichen Zeitrechnung bis zur Mitte des neunzehnten Jahrhunderts. Bd. VIII u. Bd. IX. Leipzig, Breitkopf & Härtel. — gr. 8°. 482 S. u. 480 S. Subskr.-Preis je ℳ 10. Einzeln je ℳ 12.

Generalregister, Alphabetisches und sachliches, zu Nummer 2501 bis 3000 des Cäcilienvereins-Kataloges. Regensburg, Pustet. — gr. 8°. ℳ 0.40.

Halm, A.° Katalog über die Musik-Codices des 16. und 17. Jahrh. auf der Königl. Landes-Bibliothek in Stuttgart. Beilage zu den Monatsheften f. Musikgeschichte 1902. Langensalza, Druck v. H. Beyer & Söhne. — gr. 8°. Bogen 4—7. (S. 25—58.) [cf. vorige Jahrbuch. Das Werk liegt nunmehr vollständig vor.]

[Hofmeister, Friedrich.]° Monatsbericht, musikalisch-literarischer, über neue Musikalien, musikalische Schriften und Abbildungen für das Jahr 1903. 75. Jahrg. Leipzig, Fr. Hofmeister. — 8°. 700 S. ℳ 20.

[Hofmeister, Friedrich.]° Verzeichnis der im Jahre 1902 erschienenen Musikalien, auch musikalischen Schriften und Abbildungen mit Anzeige der Verleger und Preise. In alphabetischer Ordnung nebst systematisch geordneter Uebersicht. Einundfünfzigster Jahrgang oder Achter Reihe fünfter Jahrgang. Leipzig, Fr. Hofmeister. — hoch 4°. IV, 69+230 S. ℳ 22.

Hughes, Rupert. The musical guide. An encyclopædia in two volumes. New York, McClure, Phillips & Co. — $ 6.

[Hummel, J. E.] Verzeichnis sämtlicher im Druck erschienenen Werke. (a: nach Opus-Zahlen geordnet. b: Sammlungen ohne Opus-Zahlen. c: Alphabetisches Verzeichnis.) Wien, Kulm & Kraus. — gr. 8°. 49 S. ℳ 1.

Jadart, H. Les livres liturgiques du diocèse de Reims imprimés avant le XVIIe siècle et conservés pour la plupart à la bibliothèque de Reims. Paris, imprim. nationale. — 8°. 44 p. [Extrait du Bulletin historique et philol. (1902).]

Maatschappij tot bevordering der toonkunst, afdeeling Leiden. Overzicht van de werken, die op de concerten der afdeeling, gedurende de vijf en twintig eerste jaren van haar bestaan (1875—1900) zijn uitgevoerd. Leiden, J. M. Eggers. — gr. 8°. 46 S. f. 0,50.

Morel, E. Les livres liturgiques imprimés avant le XVIIe siècle, à l'usage des diocèses de Beauvais, Noyon et Senlis. Paris, Impr. nationale. — 18°. 16 p. [Extrait du Bulletin historique et philol. (1902).]

Musikhistoriska Museets i Stockholm, Instrumentsamling. Stockholm (1902)¹), Stellan Ståls Boktryckeri. — 8°. 34 S.

Noatzsch, Rich.° Konzert-Handbuch VII. Kirchenmusik. Führer durch die kirchenmusikalische Literatur nach den Festen des Kirchenjahres geordnet. Leipzig, Breitkopf & Härtel. — kl. 8°. 104 S. ℳ 1.

Osmin, H. Professor Kalauer. Kleines Musiklexikon. Fragmente aus dem Nachlasse Kalauer's. 3. verm. Aufl. Berlin, Ries & Erler. — ℳ 0,75.

Paris-Chantant. Recueil des chansons nouvelles les plus en vogue. Paris, [s. a.] Digoudé-Diodet. — Fol. 2 p. avec grav. en coul.

Perles, Mor. Adressbuch für den Buch-, Kunst-, Musikalienhandel und verwandte Geschäftszweige der österreichisch-ungarischen Monarchie, m. e. Anhang: Österr.-ungar. Zeitungs-Adressbuch 1903—1904. 38. Jahrg. Wien, M. Perles. — gr. 8°. X, 420 S. ℳ 6,80.

Petri, R. Musikalisches Spruch-Schatzkästlein. Halle, R. Petri.

Plaidy, L. Pianoforte teacher's guide. Transl. by Fanny Raymond Ritter. London, W. Reeves. — 8°. 1 s.

Raccolta di stornelli e rispetti amorosi cantati dal popolo italiano. Firenze, A. Salani. — 16°. 128 p.

Riemann, Hugo. Musik-Lexikon. [5. Aufl.] Vervollständigt durch Einverleibung russ. Komponisten und Musiker. Ins Russische übersetzt von B. Jurgenson. Redigiert von J. Engel. Lieferung 10—15. Moskau, P. Jurgenson. Jede Lieferung 40 K.

---

¹) Daß hier mehrfach aus dem Jahre 1902 datierte Werke verzeichnet werden, liegt zum Teil an den verspäteten Anzeigen in den offiziellen Verzeichnissen oder an der tatsächlich zu spät erfolgten Herausgabe.

Rousseau, J. J. Dictionnaire de musique s. Biographien und Monographien in Sammlungen.

Rückblick, statistischer, auf die Königl. Theater zu Berlin, Hannover, Kassel und Wiesbaden für das Jahr 1902. Berlin, Mittler & Sohn. — Lex. 8°. 42 S. ℳ 1,25.

(Scheurleer). Catalogus der Muziekbibliotheek van D. F. Scheurleer. Vervolg. 'S-Gravenhage. — gr. 8°. (VII), 357 S. [Gedruckt in 120 Exemplaren. Nicht im Handel.]

Smith, J. Handbook and directory of old scottish clockmakers, from 1540 to 1850. Compiled from original sources, with notes. London, W. J. Hay. — 8°. 210 p. 3 s.

Snoeck, C. C. Catalogue de la collection d'instruments de musique flamands et néerlandais. Gand, Vanderpoorten. — gr. 8°. 61 S.

Soubies, Albert. Almanach des spectacles. Table décennale (1892—1901). Paris, Flammarion. — 8°. 158 p.
[Alphabetisches Verzeichnis der während dieser Zeit in Paris stattgehabten theatral. Aufführungen.]

Spoelberch de Lovenjoul, Vicomte de. Poésies de Théophile Gautier mises en musique. [In: Bibliographie et littérature. Trouvailles d'un bibliophile par le vicomte de S. de L.] Paris, Daragon. — 18°.

Squire, William Barclay. Musik-Katalog der Bibliothek der Westminster-Abtei in London. Beilage zu den Monatsheften für Musikgeschichte. Jahrgang 35. Leipzig, Breitkopf & Härtel. — 8°. 45 S. ℳ 1,50.

Les succès parisiens, grande revue des concerts. Paris, Hayard. — Fol. 2 p. avec grav. et musique.

Tappert, Wilh. Richard Wagner im Spiegel der Kritik .... 2., bedeutend vermehrte und umgearbeitete Auflage des „Wagnerlexikons" s. Biographien und Monographien unter Wagner, Rich.

Verzeichnis, vollständiges, sämtlicher Gesangswerke von Johannes Brahms. Berlin, N. Simrock. — Lex. 8°. 12 S. ℳ 0,20.

Vieira, Ernesto. Diccionario biographico de musicos Portuguezes. 2 vol. — 8°.
[Ich entnehme die Anzeige dem Ménestrel 1903, 8, 158; Druckort und Verleger sind nicht genannt.]

Wit, Paul de. Welt-Adressbuch der gesamten Musikinstrumenten-Industrie. Ausgabe 1903. Leipzig, P. de Wit. — gr. 8°. III, 796 S. Geb. ℳ 20.

Zehrfeld, Osk. Wegweiser für den Organisten. Ein literarischer Ratgeber bei der Auswahl geeigneter Vorspiele zu den einzelnen Nummern des sächs. Landeschoralbuches. Löbau, J. G. Walde. — 8°. II, 76 S. ℳ 1.

Periodische Schriften.

An dieser Stelle werden von den jährlich erscheinenden Publikationen nur die neuen oder bisher noch nicht erwähnten Zeitschriften aufgeführt. Für die übrigen wolle man die betreffenden Abschnitte in den früheren Jahrbüchern vergleichen.

Agenzia Libraria Musicale per la vendita di libri religiosi e scolastici; musica sacra e profana di tutte le edizioni: pubblicazione quadrimestrale gratuita. Anno I. (No. 1, gennaio 1903.) Torino, tip. Cooperativa. — 4°.

Almanach des spectacles s. Soubies, A.

Annuaire du Conservatoire royal de musique de Bruxelles. 26e année, 1902. Gand, (1902) A. Hoste. — 8°. 197 p. et un portr. fr. 2.

Annuaire de la Fédération des artistes musiciens de France. (1902—1903.) Paris, impr. Cerf. — 16°. 143 p. fr. 0,40.

Annuaire de la Société des concerts d'amateurs. (Janvier 1903.) Paris, imp. Duruy. — 18°. 51 p.

Annuaire du Syndicat de la propriété artistique pour 1902. La Rochelle (s. a.), imprim. Texier et fils. Paris, 3 rue d'Athènes. — Darnelle. Pour 1903. Ebenda. — kl. 8°. 98 p. resp. 108 p.

Annuario del r. conservatorio di musica Giuseppe Verdi di Milano, anni scolastici 1897—98—1902—03 (anni XVI—XX). Milano, tip. del Patronato. — 8°. 77 p.

L'Art français, annales des familles et des artistes, revue littéraire, artistique, théâtrale et mondaine, paraissant le jeudi. 1re année. (No. 1. 30 juillet 1903.) Nice, imprimerie, 4, rue Vernier. — Fol. Jährlich fr. 10.

Blätter, musikliterarische. Organ zur Förderung der musikalischen Production aller Völker. Redaction: Otto Keller. 1. Jahrg. (Dezember 1903 bis Nov. 1904). Wien, Verlag des „Universal-Handbuch der Musikliteratur". — gr. 4°. Vierteljährlich ℳ 2. Einzelne Nummer. ℳ 0,25.

Bühnen-Spielplan.* Deutscher. Mit Unterstützung des Deutschen Bühnenvereins. 1902/1903. Theater-Programm-Austausch. Leipzig, Breitkopf & Härtel. — 8°. 888 S. (12 Nummern). ℳ 12.

Bühnen-Spielplan,* Deutscher. Sept. 1902 bis Aug. 1903. Register. Leipzig, Breitkopf & Härtel. — 8°. 144 S. ℳ 2.

Bulletin de la Fédération des sociétés musicales du Nord et du Pas-de-Calais, paraissant trimestriellement. 1re année.(No. 1. février 1903). Lille, M. Fanyau, 38, rue Basse.

Caecilienvereinsorgan.* 38. Jahrgang der von Franz Xav. Witt begründeten Monatsschrift Fliegende Blätter für katholische Kirchenmusik. Hrsg. v. Frz. Xav. Haberl. 12 Nummern. (Mit Vereinskatalog und Musikbeilagen.) Regensburg, F. Pustet in Komm. — Lex. 8°. ℳ 3.

Calendrier liturgique, à l'usage du diocèse d'Angers, pour l'année 1903. Angers, Germain et Grassin. — 32°. 36 p.

Les Chansons de Paris, journal illustré hebdomadaire des concerts, théâtres, music-halls et cabarets artistiques. 1re année. (No. 1. 26 avril 1903.) Paris, 6, rue du 29 Juillet. — 4°. avec grav. et musique. Jährlich fr. 11.

Le gai Chanteur. Almanach chantant pour l'année bissextile 1904. (40e année.) Montbéliard (1904), Barbier. — 8°. Non paginé.

Corriere Teatrale. Anno I. (No. 1. 5 gennaio 1903.) Direttori: Giovacchino Fagiuoli e Livio Zipoli. Livorno, tip. S. Belforte e C. — 4°. Halbjährlich L. 3.

[Erscheint am 5. und 20. jeden Monats.]

Le Courrier des artistes, organe international des théâtres, music-halls et cirques, bimensuel. 1re année. (No. 1. 20 janvier 1903.) Paris, impr. centrale de la Bourse. — 4°. Jährlich fr. 25. Einzelne Nummer 30 c.

Le Courrier orphéonique, moniteur international des sociétés musicales et des musiques militaires, bureau d'organisation complète de concours orphéoniques, paraissant le 1er et le 15 de chaque mois. 1re année. (No. 1. 15 nov. 1903.) Paris, impr. Vonzellaud, 110 rue Réaumur. — Fol. Jährlich fr. 10.

La Critica d'arte in Italia, settimanale di teatri: organo della lega italiana dei critici d'arte. Anno I. (No. 1. 5 giugno 1902.) Direttore Giuseppe Guli. Palermo, tip. Spinato. — 4°. Jährlich L. 8.

La Critica d'arte lirica e drammatica: periodico quindicinale. Anno 1. (No. 1. 15 marzo 1903.) Venezia, tip. F. Visentini. — Fol. à L. 0,50.

La Critique parisienne, revue hebdomadaire, dramatique, musicale, littéraire, artistique. 1re année. (No. 1. Sans date.) Paris, impr. Salles; 16, rue d'Alembert. — 8°. Jährlich 6 fr. Einzelne Nummer 10 c.

L'Echo des estudiantinas, journal musical, paraissant le 10 et le 25 de chaque mois. 1re année. (No. 1. 25 juin 1903.) Bordeaux, imprimerie spéciale; 63, rue des Ayres. — 4°. Jährlich 8 fr. Einzelne Nr. 30 c.

L'Echo des orchestres, moniteur mensuel des chefs d'orchestre, des musiques militaires, des artistes musiciens et des sociétés musicales. 1re année. (No. 1. octobre 1903.) Paris, imp. Cerf; 27 boulevard des Italiens. — gr. 8°. Jährlich fr. 6. Einzelne Nr. 40 c.

Eden Concert: rassegna internazionale delle scene. Anno I; (No. 1. 25 ottobre 1902). Direttore Placido Lombardo. Catania, tip. Aurora. — 4°. Jede Nummer L. 0,10.

Era, Dramatic and musical annual, 1903. London, Office. — 8°. 1 s.

L'Express musical, organe du mouvement artistique et orphéonique de la région lyonnaise, paraissant le premier et le troisième dimanche de chaque mois. 1re année. (No. 1. 5 avril 1903.) Lyon, imprim. Legendre et Ce; 65, rue de la République. — gr. 4°. Jährlich fr. 3.

Le Gaillard. Almanach chantant pour 1904. Nancy (1904), Hinzelin et C°. — 8°. Non paginé; grav.

La Gazette artistique. Hebdomadaire, paraissant de septembre à mars. 1re année. (No. 1. 19 septembre 1902.) Rédaction et administration : 34, avenue de la Cour, Gand. — gr. 4°. Jährlich fr. 3,10.

La Gazette des artistes, journal illustré bimensuel de l'art lyrique, dramatique et spectacles divers. 1re année. (No. 1. 8 mars 1903.) Paris, impr. Dubreuil; 10 rue Saint-Augustin. — 4°. Jährlich fr. 7.

Il Giornale dei Teatri: rassegna critica internazionale dei teatri lirici e drammatici. Anno I. (No. 1. 28 dicembre 1902.) Direttore Cesare Valgiusti. Firenze, tip. E. Ducci. — Fol. Jährlich L. 12. Einzelne Nummer L. 0,30. [Erscheint jeden Sonntag.]

Guide des chantres et des enfants de chœur, donnant toutes les indications nécessaires pour la parfaite exécution du chant dans les paroisses du diocèse de Laval pendant l'année 1903. (12e année.) Laval, Chailland. — 32°. 32 p. 20 c.

Guide du chantre dans les églises paroissiales pour le diocèse de Saint-Claude, ou Ordo des dimanches, par un prêtre du diocèse, pour 1903. (16e année.) Lons-le-Saunier, Gey. — 18°. 24 p.

Haus- und Familien-Almanach, Musikalischer. Harmonie-Kalender, IV. Jahrgang 1904. Berlin, Harmonie. — quer 8°, unpaginiert m. vielen Abbildungen, Faksim. und einer Notenbeilage. ℳ 1.

Jahrbuch, literarisches. Jahres-Rundschau über die literarischen Erzeugnisse deutscher Zunge auf schöngeist., dramat. und musikdramat. Gebiet, verbunden mit einem Lexikon der lebenden deutschen Schriftsteller u. Schriftstellerinnen. Hrsg. von Peter Thiel. I. Jahrgang 1902. Köln (1903), Hoursch & Bechstedt. — gr. 8°. VIII, 320 S. mit 14 Portr. ℳ 2,50.

Jahrbuch der Musikbibliothek Peters für 1902. 9. Jahrgang. Herausgegeben von Rudolf Schwartz. Leipzig, C. F. Peters. — Lex. 8°. 135 S. ℳ 3.

Jahrbuch 1903.

Le Journal musical. Publication mensuelle d'œuvres modernes. 2e année. Administration : 2, place de la Bourse à Bruxelles. — gr. 4°. Jährlich fr. 8.

Kalender für Musiklehrer und Lernende für das Lehrjahr 1903—1904. [Russ. Text.] Moskau, P. Jurgenson. — Gratis.

Magazin, musikalisches. Abhandlungen über Musik und ihre Geschichte, über Musiker und ihre Werke. Herausg. von E. Rabich. Langensalza, H. Beyer & Söhne. — gr. 8°. Heft 7. Klauwell, Otto. Komponist und Dichter. ℳ 0,50.

Le Maître-Chanteur. 1re année. (No. 1. 31 juillet 1903.) Marseille, impr. spéciale; 10 rue Pavé-d'Amour. — Fol. Jährlich fr. 6.

Militär-Musiker-Notiz- und Taschenbuch für das Jahr 1904. 21. Jahrgang. Berlin, Parrhysius. — kl. 8°. ℳ 1,25.

Le mois musical (musique, théâtres, beauxarts), paraissant le 1er de chaque mois. 1re année (No. 1. 1er mars 1903.) Besançon, impr. Lunant; 83, Grande-Rue. — 4°. Jährlich fr. 3.

Il Mondo Musicale: periodico storico, biografico, enciclopedico, trimestrale. Anno I. (No. 1., febbraio 1903.) Direttore C. Graziani-Walter. Firenze, tip. L. Franceschini e C. — 4°. Jährlich L. 1,50.

Musica ed Arte: giornale artistico musicale della domenica. Anno I. (No. 1. 2 novembre 1902.) Direttore Raffaelo Rispoli. Napoli, tip. Melfi e Joele. — 4°. Jährlich L. 8. Einzelne Nummer L. 0,20.

Musikbuch aus Österreich. Jahrbuch für das Gewesene, Seiende und Werdende in der Musik Österreichs. Herausgeg. von Rich. Heuberger. Wien, C. Fromme.

Musiker-Kalender, MaxHesse'sDeutscher, für das Jahr 1904. 19. Jahrgang. Leipzig, Max Hesse. — kl. 8°. Ausgabe in einem Band geb. ℳ 1,50. Desgl. in zwei Teilen ℳ 1,50.

Musiker-Kalender, Allgemeiner deutscher, für 1904. 26. Jahrgang. 2 Bde. Berlin, Raabe & Plothow. — kl. 8°. ℳ 2.

Musiksaison, Die Leipziger. Kritische Wochenschrift über das Musikleben Leipzigs. Herausg. von Bruno Schrader. Geschäftsstelle Südstraße 78. 1. Jahrgang. (No. 1. 10. Oktober 1903.) Erscheint von Oktober bis gegen Mitte April. — 8°. Abonnementspreis ℳ 4. Einzelne Nummer ℳ 0,20.

Musiker-Verbands-Kalender, Allgemeiner deutscher, für das Jahr 1904, herausgeg. von dem Präsidium des Allgemeinen deutschen Musiker-Verbandes. 1. 2. Teil. 16. Jahrgang. Berlin, Chausseestr. 123. — kl. 8°. ℳ 0,70.

Muziekkalender, Nederlandsche. 9. Jahrg. s'Gravenhage, Uitgave Boekhandel, vorheen Gebr. Belinfante.

Neujahrsblatt, 91.,° der allgemeinen Musikgesellschaft in Zürich 1903. Steiner, A.: Richard Wagner in Zürich. 3. Teil. (1855—1858.) Zürich, Gebr. Hug & Co. in Komm. — gr. 4°. 34 S. mit 2 Bildnistafeln. ℳ 2,50.

Notizbuch für Musik-Dirigenten für das Jahr 1904. 21. Jahrgang. 2 Teile. Berlin, Parrhysius. — kl. 8°. 306 und Musikbeilage 66 und 16 S. Geb. ℳ 2,25.

Paris qui chante, revue hebdomadaire illustrée des concerts, théâtres, cabarets artistiques, music-halls. 1re année. (No. 1. 24 janvier 1903.) Paris, 11, rue Hautefeuille. — 4°. Jährlich fr. 19. Einzelne Nummer 25 c.

Le Plectre, publication musicale, paraissant le 1er de chaque mois. 1re année. (No. 1. 1er novembre 1903.) Marseille, Impr. marseillaise, 8 rue du Jeune-Anacharsis. — 4°. Jährlich fr. 4,50.

Revue musicale de Lyon, paraissant le mardi de chaque semaine du 20 octobre au 20 avril. 1re année. (No. 1. 20 octobre 1903.) Lyon, Impr. Waltener et Ce, 3, rue Stella. — 8°. Jährlich fr. 5.

En scène, panorama théâtral, mensuel. 1re année. (No. 1. Sans date.) Paris, impr. de Malherbe; 9 rue Saint-Joseph. — 4°. Einzelne Nummer 50 c.

La Scène, programme officiel du Grand-Théâtre d'Avignon. 1re année. (No. 1. 15 octobre 1903.) Avignon, imp. Millo, 74 rue Carreterie. — 4°. Jede Nummer 10 c.

Le Si bémol, journal musical, paraissant les 10 et 25 de chaque mois. 1re année. (No. 1. 10 mai 1903.) Saint-Remy-de-Provence, imprim. Brisset. — gr. 8° avec grav. et musique. Jährlich fr. 7.

Société de musique de Lille. Bulletin de la presse locale et parisienne. (1re et 2e années 1901—1903.) Lille, Impr. Danel. — 8°. 96 p. 75 c.

Soubies, Albert. Almanach des spectacles, continuant l'ancien Almanach des spectacles (1752 à 1815). Année 1902. Paris, Flammarion. — 32°. 144 p. et eau forte. fr. 5.

Stoullig, Edmond. Les annales du théâtre et de la musique. Avec une préface par C. Mendès. (29e année, 1902.) Paris, Ollendorff. — kl. 8°. XV, 528 p. fr. 3,50.

Tage-Buch der königlich sächsischen Hoftheater vom Jahre 1902. Schauspielfreunden gewidmet von den Theaterdienern Adf. Ruffani und L. Knechtel. 86. Jahrgang. Dresden, H. Burdach. E. Weise in Komm. — 8°. 92 S. ℳ 2.

Das Theater. Illustrierte Halbmonatsschrift. Red.: Christian Morgenstern. 1. Jahrgang. Oktober 1903 bis September 1904. 20 Hefte. Berlin, B. Cassirer. — 8°. Halbjährlich ℳ 2,50.

International Theatre. [Monthly.] Ed. by M. Gaston Meyer. London, Simpkin. — gr. 8°. Jede Nummer 1 s.

Theater-Almanach, Neuer, 1903. Theatergeschichtliches Jahr- und Adressen-Buch. (Begründet 1889.) Herausgeg. von der Genossenschaft deutscher Bühnen-Angehöriger. 14. Jahrgang. Berlin, F. A. Günther & Sohn in Komm. — gr. 8°. XV, 744 S. mit 8 Bildnissen. ℳ 6.

Theater-Almanach, Wiener. 1903. Hrsg. von Anton Rimrich. 5. Jahrgang. Wien, C. Konegen. — gr. 8°. VII, 409 S. und 15 S. mit Abbildungen u. Plänen. ℳ 2,50.

Tout-Théâtre-Office-Paris, paraissant tous les mois, premier supplément mensuel à l'Annuaire du Tout-Théâtre-Office. Avril 1903. Paris, 2 boulevard de Strasbourg. — 16°. 16 p. Jährlich fr. 3.

Le Trouvère, revue musicale mensuelle, paraissant le premier dimanche du mois. 1re année. (No. 1. octobre 1903.) Calais, imp. Sel-Duquenoy, 47 rue du Petit-Paris. — 4°. Jährlich fr. 6.

L'Unione: periodico settimanale: organo della società corale, ricreativa e di M. S. L'Unione in S. Salvi. Anno I. (No. 1, 2 aprile 1903.) Firenze, tip. Chiari succ. C. Cocci e C. — 8°.

La Vie artistique, gazette théâtrale et mondaine. 1re année. (No. 1. 14 mai 1903.) Marseille, impr. spéciale; 16, allées de Meilhan. — Fol. Jährlich fr. 30. Einzelne Nummer 10 c.

La Vie artistique d'Oran, revue littéraire, musicale, mondaine, médicale et sportive, hebdomadaire, illustrée. 1re année. (No. 1. 15 septembre 1903.) Oran, impr. Collet, 39, rue Philippe. — gr. 8°. Jährlich [für Frankreich] fr. 8.

Wochenschrift für Kunst und Musik. 1. Jahrgang. Herausgeber und Eigentümer Albert Dub. Redaktion und Administration Wien, I., Fleischmarkt No. 18. — 4°. Jährlich ℳ 8.

Geschichte der Musik.
(Allgemeine und Besondere.)

Accademia, La reale, di s. Cecilia nel XXV anniversario della fondazione del liceo musicale. Roma (1902), stamp. Forzani e C. — 8°. 93 p.

Aubry, Pierre. Essais de musicologie comparée. Le rythme tonique dans la poésie liturgique et dans le chant des églises chrétiennes au moyen âge. Paris, Welter. — 4°. 85 p.

Barth, Herm. Geschichte der geistlichen Musik. [Schloeßmann's Bücherei für das christliche Haus. 2. Band.] Hamburg, O. Schloeßmann. — 8°. 188 S. mit Abbildungen. Geb. ℳ 2.

Bellnfante, Ary. Muziekgeschiedenis. Leiddraad bij het onderwijs. 1e deeltje. Derde druk. Amsterdam, Delaman en Noltheuius. — 8°. 68 p. f. 0,70. [Compleet in 3 deelen.]

Bellini, P. A. Compendio popolare di storia della musica. Firenze, O. Paggi. — 16°. 90 p.

Bellot, Hugh H. L. The inner and middle temple, legal literary, and historical associations. London, Methuen & Co. — 8°. 6 s.
[cf. die ausführliche Kritik in der Zeitschrift der Internationalen Musikgesellschaft. IV. 6. 310 f.]

Bender, Augusta. Oberschefflenzer Volkslieder und volkstümliche Gesänge. Niederschrift der Weisen von J. Pommer....... herausg. von dem Deutschen Volksgesangverein in Wien. Karlsruhe (1902), O. Pillmeyer. — Geb. ℳ 5.

Benson, L. F. Studies of familiar hymns. s. nächsten Abschnitt.

Bolle, Wilh. Die gedruckten englischen Liederbücher bis 1600. Ein Beitrag zur Geschichte der sangbaren Lyrik in der Zeit Shakespeares. Mit Abdruck aller Texte aus den bisher noch nicht neugedruckten Liederbüchern und der zeitgenössischen deutschen Übertragungen. [In: Palaestra, herausg. von A. Brandl, G. Roethe und E. Schmidt. XXIX.] Berlin, Mayer & Müller. — gr. 8°. VII, CXXVI, 264 S. ℳ 11,50.

Bonaventura, A. Manuale di storia della musica. 2a ediz. migliorata. Livorno, R. Giusti. — 32°. 204 p. L. 1,50.
[Biblioteca degli studenti, n. 29—31.]

Breed, D. R. History and use of hymns and hymn tunes. New York and Chicago, Revell. — 12°. 364 p. $ 1,50.
[Die Firma Revell in London kündigte das Werk für 5 s. an.]

Buhle, Edward.* Die musikalischen Instrumente in den Miniaturen des frühen Mittelalters. Ein Beitrag zur Geschichte der Musikinstrumente. I. Die Blasinstrumente. Leipzig, Breitkopf & Härtel. — gr. 8°. 111, 120 S. mit Fig. u. 10 Taf. ℳ 6.

Busch, Rich. Das evangelische Kirchenlied a. Besondere Musiklehre: Gesang.

Casse et Chaminade. Vielles chansons patoises du Périgord. Périgueux.
[Angezeigt und besprochen in: La Revue musicale 1901, S. 658, ohne Angabe des Verlegers].

Cesi, Beniamino. Storia del pianoforte. Napoli, tip. dello Stabilimento musicale R. Izzo. — 6 fascicoli à L. 4.

Conrcel, George de. Mémoire historique sur le Mercure de France (1672 à 1780). Paris, Leclerc. — 8°. X, 81 p.
[Extrait du Bulletin du bibliophile.]

Duyse, F. van. Het oude nederlandsche lied. Wereldlijke en geestelijke liederen uit vroegeren tijd. Teksten en melodieën. Aflevering 15—19. Amsterdam (1901) [von Lieferung 16 au datiert 1903], De nederlandsche boekhandel. — Kl. 4°. 897—1216 p.
(Das Werk ist auf ungefähr 35 Lieferungen à fr. 1,90 veranschlagt. Lieferung XIVa. Preis fr. 0,15. XXXVI p. brachte die Einleitung, Titel (mit Jahreszahl 1903) u. Inhalt des ersten Bandes.]

Elson, L. C. History of american music. New York, Macmillan.

Festschrift zur Feier des 50jährigen Bestehens der Konzerte zum Besten der Witwen- und Waisenfonds der großherzogl. Hofmusik zu Darmstadt. Darmstadt (E. Zernin). — hoch 4°. 39 S. mit 3 Bildnistafeln. ℳ 1,20.

Festschrift der schweizerischen Musikzeitung und Sängerblatt anläßlich der XXXIX. Tonkünstler-Versammlung des allgemeinen deutschen Musikvereins in Basel. 12. bis 15. Juni 1903. Zürich, Gebr. Hug & Co. — gr. 8°. 33 S. mit Abbildungen und 3 Tafeln. ℳ 0,60.

Fischer, A. Das deutsche evangelische Kirchenlied des 17. Jahrh. Nach dessen Tode vollendet u. herausg. v. W. Tümpel. (In 30 Heften.) Gütersloh, C. Bertelsmann. — gr. 8°. Heft 3—5. Je ℳ 2.

Fritz, Alfons. Theater und Musik in Aachen seit dem Beginn der preußischen Herrschaft. Erster Teil. Aachen (1902). [In: Bd. 24 der Zeitschrift des Aachener Geschichtsvereins.] — 8°. 67 S.

Gailly de Taurines, Ch. Une représentation du mystère de la Passion à Mézières, en 1531. Paris, Picard et fils. — 8°. 15 p.

Gandolfi, Riccardo.* Accademia di musica dedicata alla „ouverture" nell'arte italiana data per esercizio e cultura degli alunni [del R. Istituto musicale di Firenze.] Marzo 1903. Firenze, tip. Galletti e Cocci. — gr. 8°. 20 p.

Gebeschus, J. Vergleichende Tabellen zur Musikgeschichte unter Berücksichtigung der Kultur- und Weltgeschichtsdaten. Leipzig, Verlag der Musik-Woche. — gr. 4°. 24 S. ℳ 1.

Goude, Gherit van der. Dat Boexken van der Missen (The booklet of the mass), 1507. The 34 plates described, and the explanatory text of the flemish original translated, with illustrative excerpts from contemporary missals and tracts, by Pearcy Dearmer. London, Longmans. — 8°. Geb. 21 s.

Gram, Johan. Schets eener kunstgeschiedenis (bouwkunst, beeldhouwkunst, schilderkunst en toonkunst) van de oudheid tot in onze dagen. Naar het Hoogduitsch van W. Lübke en andere bronnen bewerkt. 3e druk. Rotterdam, D. Bolle. — 8°. 16 + 292 p. m. 100 houtgravuren. f. 1,25.

Grossmann, Hugo. Musik und Musikinstrumente im alten Testament. Eine religionsgeschichtliche Studie. [Religionsgeschichtliche Versuche und Vorarbeiten, herausg. von A. Dieterich u. R. Wünsch. II. Band, 1. Heft.] Gießen, Ricker. — gr. 8°. 32 S. ℳ 0.75.

Haberl, Franz Xaver.* Geschichte und Wert der offiziellen Choralbücher. Eine Studie. Einzelabdruck aus dem kirchenmusikalischen Jahrbuch 1902. Regensburg, Pustet. Lex. 8°. 63 S. ℳ 0.50.

Hanau, Heinrich.* Dr. Hoch's Conservatorium zu Frankfurt am Main. Festschrift zur Feier seines fünfundzwanzigjährigen Bestehens (1878—1903). Nebst einem Verzeichnisse sämtlicher Lehrer und Schüler der Anstalt vom September 1878 bis Juni 1903. Frankfurt a. M. Druck von C. Adelmann. — gr. 8°. 99 S. mit 2 Porträts und 1 Abbildung.

Hartog, Jacques. Geschiedenis der muziek. Derde druk. Haarlem, Vincent Loosjes.

Hellouin, Frédéric.* Gossec et la musique française à la fin du XVIII* siècle. Paris, Charles. — 12°. 201 p. avec portr. fr. 3,50.

Hellouin, Frédéric. Feuillets d'histoire musicale française s. vor. Jahrbuch S. 101.

Helmolt, Hans F. Weltgeschichte. Achter Bd. [Darin: Die Tonkunst in der Barockzeit. S. 416—421 u. Die Musik von der Mitte des 18. Jahrhunderts bis zur Gegenwart. S. 561—582.] Leipzig und Wien, Bibliographisches Institut. — Lex. 8°.

Hervey, Arthur.* French music in the XIX th century. London, Grant Richards. New York, E. P. Dutton. — 8°. XV, 271 p. Geb. 5 s.
[Music in the XIX th century. Edited by Robin H. Legge No. II.]

Herz, E.* Englische Schauspieler und englisches Schauspiel zur Zeit Shakespeares in Deutschland. [Theatergeschichtliche Forschungen. Herausg. v. B. Litzmann. XVIII.] Hamburg, L. Voß. — gr. 8°. X, 144 S. Mit 5 Karten. ℳ 6.

Hirschberg, Eugen.* Die Encyklopädisten und die französische Oper im 18. Jahrh. (Beiheft 10. der Publikationen der internat. Musikgesellschaft.) Leipzig, Breitkopf & Härtel. — gr. 8°. VIII, 154 S. ℳ 3.

Houdard, Georges.* La richesse rythmique musicale de l'antiquité. Paris, Picard et fils. — gr. 8°. 84 p. fr. 3,50.
[Leçon d'ouverture du cours d'histoire de la musique professé en 1902—1903 à la Sorbonne.]

Hutschenruyter, Wouter. Orkest en orkestspel na 1600. Utrecht, W. de Haan. — 8°. 48 p. f. 0,40.

Jeanroy, A. Un sirventés contre Charles d'Anjou (1268). Toulouse, Privat. — 8°. 23 p.
[Extrait des Annales du Midi (t. 15).]

Josephson, Walter. Festschrift zum Musikfest zur 50jährigen Jubel-Feier des Duisburger Gesangvereins am 23. u. 24. Mai 1903. Enthaltend die Geschichte des Gesangvereins mit einer Zusammenstellung aller Konzertprogramme von 1853—1903 und den Bildnissen seiner Dirigenten, ferner das vollständige Programm des Musikfestes und die Bilder der Dirigenten, Komponisten u. Solisten desselben. Duisburg, J. Ewich. — gr. 8°. III, 127 S. ℳ 1,50.

Keller, Otto. Illustrierte Geschichte der Musik. 2. stark vermehrte u. neubearb. Auflage. 1. Bd. München, E. Koch. — gr. 8°. 317 S. ℳ 7,50.
[Das ganze Werk auch in 15 Lieferungen à 1 ℳ zu beziehen.]

Kirchenliederdichter, Unsere. Bilder aus der Geschichte des evangelischen Kirchenliedes. 21. bis 30. Heft. Hamburg, G. Schloessmann. — gr. 8°. Je 16 S. mit Abbildungen, je ℳ 0,10. In 1 Leinwand-Band [Band 3]. ℳ 1,50.

Klein, H. Thirty years of musical life in London, 1870—1900. London, Heinemann. — 8°. 500 p. Illus. 12 s. 6 d.

Klob, Karl Maria. Beiträge zur Geschichte der deutschen komischen Oper. Berlin, Harmonie. — gr. 8°. 96 S. Mit einem Porträt. ℳ 2.

Koch, C. Bernhard Klein ...... Ein Beitrag zur Musikgeschichte, im besonderen Berlins s. Biographien und Monographien unter Klein, Bernhard.

Köstlin, H. A. Geschichte der Musik im Umriß. Fünfte, vollst. neu bearb. Aufl. Berlin, Reuther & Reichard. — gr.8°. ℳ 8.

Kothe, Wilh. Kirchliche Zustände Straßburgs im 14. Jahrhundert. Ein Beitrag zur Stadt- und Kulturgeschichte des Mittelalters. Freiburg i. B., Herder. — gr. 8°. VIII, 126 S. ℳ 2,50.

Krasuski, F. Über den Ambitus der gregorianischen Meßgesänge s. Besondere Musiklehre: Gesang.

Lefebvre, Léon. Histoire du théâtre de Lille, de ses origines à nos jours. IV: le théâtre municipal (1850—1880). Lille, imp. Lefebvre-Ducrocq. — 8°. 401 p.

Lemcke, Hugo. Beiträge zur Geschichte der Stettiner Ratsschule in fünf Jahrhunderten. I. Urkunden. 4. Abteilung: Der Chorus symphoniacus. Programm. Stettin 1902. — 4°. 11 S.

Mackrell, Perceval. Hymns of the christian centuries. Compiled by P. M. London, G. Allen. — 8°. 296 p. 5 s.

Mantzius, K. History of theatrical art in ancient and modern times. Introd. by W. Archer. Auth. trans. by L. von Cossel. 2 vols. London, Duckworth. — 8°. 642 p. 20 s.

Mariéton, Paul. Le théâtre antique d'Orange et ses représentations. Paris, éditions de la Revue félibréenne, 9 rue Richepanse. — gr. 8°. 15 p. 50 c.

Mathias, F. X. Die Tonarien. [Leipziger Dissertation.] Graz, „Styria".

[**Mathias-Vogeleis.**]* Phototypische Wiedergabe des Königshofenschen Tonarius in C. XI. E. 9 der Prager Universitätsbibliothek, hergestellt im Auftrag des Finders M. Vogeleis, herausgeg. von F. X. Mathias. — gr. 4°. 23 Taf. ℳ 6,40.
[cf. Abschnitt: Biographien u. Monographien unter: Königshofen.]

Maude, Cyril. Haymarket Theatre: Some records and reminiscences. Ed. by Ralph Maude. London, Richards. — 8°. 248 p. Illus. 12 s. 6 d.

Mocquereau, A.* A travers les manuscrits. Etude sur une cadence des traits du huitième mode. Paris, Desclée, Lefebvre et Ce. — gr. 8°. 37 p.
[Tiré à part de la Tribune de Saint-Gervais.]

Molitor, Raf. Eine werte Geschichte. Erinnerungsvolle Gedanken über „Geschichte und Wert der offiziellen Choralbücher". Graz, Styria. — gr. 8°. 44 S. ℳ 0,80.
[cf. Haberl, F. X. „Geschicht- und Wert der offiziellen Choralbücher."]

Monro, David Binning. The modes of ancient greek music. Oxford, Clarendon Press. — kl. 8°. 145 p.

Moorsom, Robert Maude. A historical companion to hymns ancient and modern: containing the Greek and Latin, the German, Italian, French, Danish, and Welsh hymns: the first lines of the English hymns; the names of all authors and translators' notes and dates. 2nd edit. Cambridge University Press. London, C. J. Clay. — 12°. 408 p. 5 s.

Mortensen, Jean. Le théâtre français au moyen âge. Traduit du suédois par Emmanuel Philipot. Paris, Picard et fils. — 12°. XXI, 254 p., 1 planche. fr. 3,50.

Musikschule, Die pädagogische, zu Dresden. Allgemeiner Bericht v. Dir. Rich. Kaden. Mit Anmerkungen von P. Hohlfeld und Festrede auf Direktor R. Kaden v. Paul Hohlfeld. Dresden, H. Burdach. — gr. 8°. 22 S. ℳ 0,30.

Nejedlý, Zdeněk. Dějiny české hudby. Prag, Hejda & Tuček. (Illustrované katechismy naučné, red. v. J. Procházka, II.) — 8°. 261 S. und 6 S. Musik.
[Es handelt sich um eine Geschichte der böhmischen Musik vom 15. Jahrh. an. cf. die Ankündigung der Zeitschrift der Intern. Musik-Gesellschaft IV. S. 697.]

Nelle, W. Geschichte des deutschen evangelischen Kirchenliedes. Hamburg, G. Schloessmann. — Geb. ℳ 2.

Padovano, Ferruccio. Etude du théâtre en général et de son origine. Rocca S. Casciano, tip. Cappelli. — 16°. 58 p.

Panum, H., und W. Behrend. Illustreret Musikhistorie. Lieferung 32 u. 33. [Dän. Text.] Kopenhagen, Nordischer Verlag.

Parr, W. A. Chronologische Übersicht über die Entwickelung der Musik. Tabellarisch zusammengestellt. Berlin, A. Stahl. — 38×48,5 cm. ℳ 0,50.

Patterson, Annie W. The story of oratorio. (Music story ser.) New York, [1902]. Scribner [imported]. — 12°. 24 + 241 p. $ 1,25.
[cf. voriges Jahrbuch S. 103.]

Pauli, W.* Johann Friedr. Reichardt, sein Leben und seine Stellung in der Geschichte des deutschen Liedes s. Biographien und Monographien unter Reichardt, Joh. Fr.

Poliński, Aleksander. Pieśń Bogarodzicy pod wzgledem muzycznym. (Das Lied der Heiligen Mutter im musikalischen Sinn.) Warszawa, Gebethner i Wolff.
[Handelt von den handschriftlichen Quellen des Liedes. cf. Zeitschrift der Intern. Musik-Gesellschaft V. S. 90.]

Pougin, Arthur.* Essai historique sur la musique en Russie. Paris (1904), Fischbacher. — kl. 8°. 274 p.

Raffaelli, Cherubino. Il canto fermo ed i suoi pretesi riformatori: considerazioni storiche. Lucca, tip. Baroni. — 8°. 58 p. L. 1,50.

Rappresentazione* di Febo e Pitone o di Dafne, estratta dal codice A. IV. 30 della biblioteca comunale di Mantova. Bologna (1902), tip. S. Landi (Firenze). — 8°. 27 p.
[Nicht im Handel. Name Tedeschi-Cavallieri.]

Rautenstrauch, Johannes.* Die Kalandbrüderschaften, das kulturelle Vorbild der sächsischen Kantoreien. Ein Beitrag zur Geschichte der kirchlichen Musikpflege in vor- und nachreformatorischer Zeit. Dresden, Rammingsche Buchdruckerei und Verlag. — 8°. 45 S. *M* 1.

Riemann, Ugo. Storia universale della musica. 1ª traduzione italiana sulla 2ª ediz. tedesca del Enrico Bongioanni. Torino, M. Capra. — 16°. VIII, 422 p. L. 6,50.
(1. Storia degli strumenti musicali. 2. Storia del sistemi musicali e delle scritture musicale. 3. Storia delle forme musicali.)

Ronchés, Gabriel. Trois conférences sur l'histoire de la musique siehe nächsten Abschnitt.

Saccetti, (?). Geschichte der Musik. 3. verm. Aufl. [Russ. Text.] St. Petersburg, W. Bessel. — 3 R. 60 k.

Sannemann, F. Die Musik als Unterrichtsgegenstand in den evangelischen Lateinschulen des 16. Jahrhunderts. Ein Beitrag zur Geschichte des Schulgesanges. [Berliner Diss.] — 8°. 45 S.

Schade, Georg. Der deutsche Männergesang. Seine geschichtliche Entwickelung, den deutschen Sängern erzählt. Die deutschen Männergesangvereine. Cassel, A. Freyschmidt. — 8°. III, 144 S. *M* 1.

Schade, Georg. Der deutsche Männergesang. Seine geschichtliche Entwickelung, den deutschen Sängern erzählt. 2 Teile.
I. Das deutsche Sängerwesen bis zu den Meistersängern. II. Die kunstgeschichtliche Entwickelung des mehrstimmigen Männergesanges. Cassel, A. Freyschmidt. — 8°. III, 80 S. *M* 0,75.

Schering, Arnold.* Geschichte des Instrumental-(Violin-)Konzerts bis Ant. Vivaldi († 1743). [Leipziger Diss.] Leipzig, Druck von Breitkopf & H. — gr. 8°. 116 S.

Schmidt, P.* Die Bühnenverhältnisse des deutschen Schuldramas und seiner volkstümlichen Ableger im 16. Jahrhundert. [Forschungen zur neueren Literaturgeschichte. Herausg. von Franz Muncker. XXIV.] (Gekrönte Preisschrift.) Berlin, A. Duncker. — gr. 8°. X, 193 S. mit 10 Abbildungen. Subskr.-Preis *M* 4,20. Einzelpreis *M* 5.

Schoen, Henri. Le théâtre populaire en Alsace. Paris, Fischbacher. — 8°. 40 p. f. 2.

Schoen, Henri. Le théâtre alsacien. Bibliographie complète du théâtre alsacien. Biographie des auteurs. Straßburg, Noiriel. — 8°. 330 p. XLI S. m. Abbildgn. *M* 2,80.

Schuré, Édouard. Histoire du lied ou la chanson populaire en Allemagne. Nouvelle édition, précédée d'une étude sur Le réveil de la poésie populaire en France. Paris, Perrin et C°. — 16°. 439 p. avec musique. fr. 3,50.

Schwarzlose, (?). Die geistlichen Schauspiele der Vergangenheit. [Aus: „Jahrbücher der Kgl. Akademie gemeinnütziger Wissenschaften zu Erfurt.] Erfurt, C. Villaret. — gr. 8°. 26 S. *M* 0,60.

Scialhub p. Giuseppe. La musica ieratica greca: conferenza letta ... nell' accademia del r. istituto musicale in Firenze. Livorno, tip. S. Belforte e C. — 16°. 31 p. L. 0,75.

Sell, F. Theater und Kirche. Darstellung ihres geschichtlichen Verhältnisses mit einem Ausblick in die Zukunft. 3. Aufl. Leipzig, M. Heinsius Nachf. — 8°. 47 S. *M* 0,60.

Semeria, Giovanni, barnabita. Gli inni della chiesa. Milano, tip. A. Bertarelli. — 16°.
I. Sviluppo storico dell' innologia cristiana. — 31 p. II. L'inno del Natale. — 29 p. III. L'inno della fede. — 31 p. IV. Gli inni della eucarestia. — 34 p. V. L'inno della pietà. — 38 p. VI. Gli inni dello spirito. — 34 p. VII. L'inco del timore. — 36 p. VIII. L'inno della croce. — 34 p.

Sepet, Marius. Le drame religieux au moyen âge. Paris, Bloud et Ce. — 16°. 64 p. 60 c.
[Science et Religion. Etudes pour le temps présent.]

Sherwood, Cl. Geschichte der Musik und Oper. (Heft 16–18.) [In Schmid, Max: Kunstgeschichte.] (Hausschatz des Wissens. Heft 280, 281, 286.) Neudamm, J. Neumann. — gr. 8°. S. 577—720. Je *M* 0,30.
[Der „Hausschatz des Wissens" erscheint auch in stärkeren Heften à 50 *J*.]

Solerti, Angelo.* Le origini del melodramma. Testimonianze dei contemporanei raccolte. Torino, Fratelli Bocca. — 8°. VII, 262 p. L. 3,50.
[Piccola biblioteca di scienze moderne, n. 70.]

Soubies, Albert. Histoire de la musique. États scandinaves (XIXᵉ siècle): Norvège. Paris, Flammarion. — 32°. 51 p. avec grav. et portraits. fr. 2.

Soubies, Albert. Les membres de l'Académie des Beaux-Arts depuis la fondation de l'institut. Tome premier. Paris, Flammarion. — 8°.

Springer, Hermann. Zur Musiktypographie in der Inkunabelzeit. [In: „Beiträge zur Bücherkunde und Philologie. August Wilmanns zum 25. März 1903 gewidmet.] Leipzig, Harrassowitz. — gr. 8°. S. 173—180.

Stahl, Wilh. Geschichtliche Entwickelung der evangelischen Kirchenmusik. [Max Hesse's illustr. Katechismen Band 33.] Leipzig, Hesse. — 8°. VIII, 85 S. ℳ 1.

Storck, Karl. Geschichte der Musik. (In 4 Abteilungen.) 1. Abteilung. Stuttgart, Muth. — gr. 8°. VIII u. S. 1—144 mit 1 Bildnis. ℳ 2.

Studien, musikwissenschaftliche, veröffentlicht v. Dr. E. Ebering. Berlin, E. Ebering. — gr. 8°. Heft 2. Pauli, Walther. Johann Friedr. Reichardt, sein Leben und seine Stellung in der Geschichte des deutschen Liedes. (VII, 228 S.) ℳ 6. — Heft 3. Tischer, Gerh. Die aristotelischen Musikprobleme. — 100 S. ℳ 2,80.
[cf. vorigen Jahrbuch 8. 117.]

Teza, E. Canti di popolo, dalla Bulgaria o dalla Russia: proemio, alla memoria di N. Tommaseo. Venezia, tip. C. Ferrari. — 8°. 14 p.
[Dagli Atti del r. istituto veneto di scienze, lettere ed arti, anno accademico 1902—1903, tomo LXII, parte II.]

Thieme, Karl. Geschichte des Posthorns und Sammlung historischer Posthornstücke. [In: Posthornschule... v. Friedr. Gumbert.] Leipzig, Merseburger. — 8°. ℳ 1,20.

Thürlings, Adolf.* Die schweizerischen Tonmeister im Zeitalter der Reformation s. nächsten Abschnitt.

Tiersot, Julien.* Chansons populaires recueillies dans les Alpes françaises. (Savoie et Dauphiné.) Grenoble, H. Falque et F. Perrin; Moutiers, François Ducloz. — gr. 4°. XXVIII + XXIX, 548 p. fr. 40.

Tiersot, Julien.* Ronsard et la musique de son temps s. den nächsten Abschnitt.

Tischer, Gerh.* Die aristotelischen Musikprobleme s. Biographien u. Monographien unter Aristoteles.

Tobler, Alfr. Das Volkslied im Appenzellerlande. Nach mündlicher Überlieferung gesammelt. [Aus „Schriften der schweizerischen Gesellschaft für Volkskunde".] Zürich, Schweizerische Gesellschaft für Volkskunde. (Zu beziehen durch: Juchli & Beck, Weitegasse 2.) — gr. 8°. III, 147 S. ℳ 2,80.

Urbain, Ch. Quelques points de l'histoire du théâtre au moyen âge, d'après des travaux récents. Paris (1902), Leclerc. — 8°. 16 p.

Vermeylen, A. Le théâtre dans l'église. (Les origines du drame moderne.) Bruxelles (1901!) impr. J.-H. Moreau. — 8°. 20 p. fr. 0,75.
[Publication de l'Extension de l'Université libre de Bruxelles, année académique 1900—1901.]

Vermeylen, A. Het tooneel in de Kerk (vorsprong van 't nieuwere drama.) Brussel (1901)! drukkerij J.-H. Moreau. — 8°. 23 p. fr. 0,75.

Vigouroux, abbé. L'histoire de la musique sacrée chez les Hébreux. Paris, A. Roger et Chernoviz. — gr. 8°. fr. 5.

Weckerlin, J.-B.* Chansons populaires du pays de France. Avec notices et accompagnements de Piano. 2 vols. Paris, Au Ménestrel. — gr. 8°. XLIII, 251 und 344 p. fr. 14.

Wedgwood, James J. The evolution and development of the organ, a history of the modern organ, traced from the earliest times. York (England), Selbstverlag. — ℳ 5.

Werner, Arno. Die Kantorei-Gesellschaft zu Bitterfeld. Im Auftrage der Kantorei herausg. Jubiläumsschrift. Beilage: Bildnis von Gustav Müller, Leiter der Kantorei von 1853 bis 1869. Bitterfeld, W. Meißner in Komm. — gr. 8°. 28 S. ℳ 0,40.

Williams, C. F. Abdy. The story of notation. (Music story ser. ed. by F. J. Crowest.) New York, Scribner [imported]. — 12°. 16 + 265 p. Geb. $ 1,25.
[W. Scott in London zeigte dasselbe Werk für 3 s. 6 d. an.]

Williams, C. F. A. The story of the organ. (Music story ser.) London, W. Scott. — 8°. 342 p. 3 s. 6 d.

Zeidler, Jak. Das Wiener Schauspiel im Mittelalter. [Aus: „Geschichte der Stadt Wien".] Wien, A. Holzhausen. — gr. Fol. 38 S. (?) mit 3 Tafeln. ℳ 13,60.

Zelle, Friedrich.* Das erste evangelische Choralbuch. (Osiander, 1580.) Wissenschaftliche Beilage zum Jahresbericht der Zehnten Realschule zu Berlin. Programm No. 136. Berlin, Weidmann'sche Buchhandlung. — 4°. XII, 20 S. mit Musik. ℳ 1.

Zelle, Friedrich.* Das älteste lutherische Haus-Gesangbuch (Färbefaß-Enchiridion), 1524. Mit Einleitung (Geschichte der lutherischen Gesangbücher) und textkrit. Kommentar. Göttingen, Vandenhoeck & Ruprecht. — gr. 8°. 127 S. mit Faksim., vielen Abbildungen und Noten. ℳ 4.

Zulauf, Ernst.* Beiträge zur Geschichte der Landgräflich Hessischen Hofkapelle zu Cassel bis auf die Zeit Moritz des Gelehrten. [Leipziger Dissertation.] Cassel (1902), Druck von L. Döll. — 8°. 145 S.

Biographien und Monographien in Sammlungen.

Gesammelte Aufsätze über Musik und Musiker.

Armin, George.* Gesammelte Aufsätze über Stimmbildung, Gesangskritik, moderne Sänger u. Schauspieler. Berlin und Leipzig, F. Luckhardt. — gr. 8°. VIII, 176 S. ℳ 4.

L'art dramatique et musical au XXe siècle. Paris, Éditions de la Revue d'art dramatique. (Charles Schmid.) — 8°. 500 p. 14 grav. fr. 7,50.

Barrier (?). La musique, discours prononcé dans l'église Saint-Martin de Laval, le 9 nov. 1902. Laval (1902), Goupil. — qu. 8°. 12 p.

Bartholomew, E. F. Relation of psychology to music. 2d ed., rev. Rock Island, Ill., New Era Publishing Co. — 12°. 3 + 286 p. Geb. $ 1.75.

Batka, Richard.* Kranz. Gesammelte Blätter über Musik. Leipzig, Lauterbach & Kuhn. — 8°. VIII, 308 S. Kart. ℳ 4.

Becker, F. Festschrift zur Feier des goldenen Jubiläums der Blüthnerschen Hofpianofortefabrik in Leipzig. [Vorlage bildete eine Zeitungsnotiz.]

Beecher memorial: addresses by Grover Cleveland, D. J. Brewer, Seth Low and others at the Brooklyn Academy of Music. (Brooklyn Eagle lib. v. 18, n. 2; serial n. 74.) Brooklyn, N. Y., Office of the Brooklyn Daily Eagle. — 4°. 2 + 39 p. 10 c.

Bellaigue, Camille.* Musikalische Silhouetten. Aus dem Franz. v. Margarete Toussaint. Nebst einem Vorwort v. Adam Röder. Kattowitz, C. Siwinna. — 8°. VII, 255 S. mit Illustr. Geb. ℳ 4,50.

Bellaigue, Camille. Études musicales. Seconde série. Paris, Ch. Delagrave. — 12°. 516 p. fr. 3,50.

Benson, L. F. Studies of familiar hymns. Philadelphia, Westminster Press. — 12°. 16 + 285 p. portr. facsimiles. Geb. $ 1,50. [25 Hymnen nebst Entstehungsgeschichte und Biographien der Dichter.]

Berlioz, Hector.* Literarische Werke. 1. Gesamtausgabe. Band 1, 5 und 9. Leipzig, Breitkopf & Härtel. — gr. 8°. Je ℳ 5. Bd. 1. Memoiren, mit der Beschreibung seiner Reisen in Italien, Deutschland, Rußland und England. 1803 bis 1865. Aus dem Franz. übersetzt v. Elly Ellès. (304 S.) — Bd. 5. Ideale Freundschaft und romantische Liebe. Briefe an die Fürstin Carolyne Sayn-Wittgenstein und Frau Estelle Fornier. Übers. v. Gertr. Savić. 178 S. mit 1 Bildnis. — Bd. 9. Die Musiker und die Musik. Deutsch von Gertr. Savić. V, 225 S.

Berlioz, Hector. Les musiciens et la musique. Introduction par André Hallays. 1—4 édit. Paris, Calmann-Lévy. — 16°. L, 348 p. fr. 3,50.

Boeri, G. B. Varietà letterarie nella musica: conferenza. Torino, tip. V. Bona. — 8°. 53 p.

Bohn, Emil.* Zwei Trobadorlieder für eine Singstimme mit Klavierbegleitung gesetzt. (Sonderabdruck aus dem Archiv für das Studium der neueren Sprachen und Litteraturen Bd. CX, Heft 1/2.) Braunschweig, G. Westermann. — 8°. S. 110—124.

Bruneau, Alfred.* Musiques de Russie et Musiciens de France. Paris, Fasquelle. — kl. 8°. 276 p. fr. 3,50.

Burns, R.* Songs. Now first printed with melodies for which they were written. Study in tone-poetry. Bibliography, historical notes, glossary, by J. C. Dick, Oxford University Press. (London, Frowde.) — 8°. 580 p. 14 s.
[Oxford University Press (Amer. Branch in New York) zeigte dasselbe Werk für $ 5 an.]

Carlez, Jules. Les chansonniers de Jacques Mangeant étudiés au point de vue musical. Caen, Delesques. — 8°. 32 p. avec musique.
[Neuausgabe vom Jahre 1615.]

Cavarretta, Gioseppe. La musica e le sue origine. Palermo, A. Reber. — 16°. 45 p. L. 1.

Chabeaux, Paul. Nos vieux maitres. Les clavecinistes célèbres de France, de 1620 à 1768. Notices publiées par P. de Lobar. Avant-propos d'Emile Grégoire. Pau, imp. Facudey. — 16°. XIV, 33 p. fr. 1.

Clément, Félix. Les grands musiciens. 5e édition. Paris, Hachette et Ce. — 8°. 223 p. avec grav. fr. 1,10.

Cochin, Henry. L'Ame flamande, conférence prononcée aux assises de musique religieuse et classique tenues à Bruges par la Schola cantorum de Paris les 7, 8, 9 et 10 août 1902. Paris (1902), bureau d'édition de la Schola. — 8°. 23 p.

Collin, Sullian. Brizeux mis en musique. Notes de la conférence donnée . . . . à la séance d'ouverture du congrès de l'Union régionaliste bretonne. Vannes (1902), imp. Lafolye frères. — 8°. 32 p.

Dole, N. H. Famous composers. 2 vols. London, Methuen. — 8°. 546 p. u. Portr. 12 s.

Dose, Agnes E. A short account of our great church musicians, 1540—1870. Specially written for choristers. London, Frowde. — 8°. 76 p. 2 s. 6 d.

Dortch, D. E. Short talks on music. Columbia, Tenn., Dortch Publishing Co. — 12°. 96 p. mit 162 Notenbeispielen und Musikbeilagen. 25 c.

Duncan, Isadora. Der Tanz der Zukunft (the dance of the future). Eine Vorlesung. Übersetzt und eingeleitet v. Karl Federn. Leipzig, E. Diederichs. — gr. 8°. 46 S. mit 1 Tafel und Bildnis. ℳ 1.

Ebstein, Erich. Bürger's Gedichte in der Musik. (In: Zeitschrift für Bücherfreunde. 7. Jahrgang. Heft 5.)
[cf. das Referat in Eitner's „Monatsheften" 1903 S. 159.]

Edwards, J. Harrington. God and music. New York, Baker & Taylor. — 12°. 4 + 319 p. $ 1,25.

Elson, Arthur. Woman's work in music. (Music lover's ser.) Boston, L. C. Page & Co. — 12°. 3+268 p. il. por. $ 1,60.

Ennis, L. M. Music in art. Boston, L. C. Page & Co. — 12°. 255 p. illustr. $ 1,60.

Ermini, Filippo. Il *Dies irae* e l'innologia ascetica nel secolo decimoterzo: studi sulla letteratura latina del medio evo. Roma, Unione cooperativa editrice. — 8°. 145 p.

Musical essays in art, culture, education; selected and reprinted from The Etude, 1892—1902. Philadelphia (1902), Theo. Presser. — 8°. 304 p. $ 2.

Fano, G. A. Pensieri sulla musica. Bologna, Beltrami. — 8°. 100 p. L. 2.

Fantasio. Een kijkge in het koninglijk Conservatorium voor Muziek te 's-Gravenhage. Met 31 oorspronkelijke afbeeldingen der verschillende Klassen. s'Gravenhage, M. Nijhoff. f. 1.

Festbuch für das 54. Bundes-Sängerfest der vereinigten norddeutschen Liedertafeln in Quedlinburg am 10., 11. u. 12. Juli 1903. Quedlinburg, (H. Schwanecke). — 8°. 32 S. ℳ 0,30.

Fest-Zeitung für das 54. Bundes-Sängerfest der vereinigten norddeutschen Liedertafeln, Quedlinburg, 10.—12. Juli 1903. Quedlinburg, (H. Schwanecke). — gr. Fol. 20 S. mit Abbildungen. ℳ 0,50.

Findeisen, Nic. *Musikalisches Altertum.* Sammlung von Aufsätzen und Materialien über die Geschichte der Musik in Rußland. [Russ. Text.] 2 Bde. St. Petersburg. R. 3.

Flodmark, Johan. Elisabeth Olin och Carl Stenborg. Två gustavianska sångargestalter, från svenska Operans första tider. Stockholm, Fröléen & Co. — 8°. 201 S. Illustr. Kr. 3.

Galloway, W. Johnson, M. P. The Operatic Problem. London (1902), John Long. — 79 p. 1 s.
[cf. die Anzeige in der Zeitschrift der Internationalen Musikgesellschaft IV, 6. 428.]

Gaudefroy, A. Les premières au théâtre de Lille, 1901—1903. Lille (?).
[Erwähnt im Ménestrel und in der Revue musicale ohne Angabe des Verlages.]

Gayley, Charles Mills. Representative English comedies. With intro. essays and notes; historical view of our earlier comedy, and other monographs. By various writers, Under gen. ed. of Ch. M. Gayley. From beginnings to Shakespeare. London, Macmillan. — 8°. 778 p. 6 s.

Giordani, Pietro. Dante e la musica. Meriti di Dante sulla musica, scritti di P. G.; pubblicati per cura di Jarro. Firenze, R. Bemporad & Fils. — 4°. IV, 128 p. fr. 10.

Goblet d'Alviella. Eleusinia. De quelques problèmes relatifs aux mystères d'Eleusis. Paris, Leroux. — 8°. VII, 155 p. avec grav.
[Extrait des t. 46 et 47 de la Revue de l'histoire des religions.]

Grassi-Landi, B. Genesi della musica. Torino, f. lli Bocca. — 8°. 174 p. L. 3.
[Dalla Rivista musicale italiana, vol. VI—X.]

Grey, Rob. Studies in music, by various authors. New York [1902], Scribner [imported]. — 8°. 7 + 330 p. $ 2,50.

Griffo, Luigi. Studi letterari musicali: sunto complementare per uso dei rr. conservatori di musica. 2e ediz. Napoli, Izzo. — 8°. 58 p. L. 1,50.

Guide officiel des fêtes jubilaires de la ville de Liège des 31 mai, 1, 7 et 14 juin 1903. Concours internationaux de chant d'ensemble, harmonies et fanfares . . . . à l'occasion du cinquantième et du vingt-cinquième anniversaire de la fondation respective de la Société royale „La Légia" et de la chorale „Les Disciples de Gretry". Livret - programme. Bruxelles, Agence-réclame Godts. — kl. 8°. 150 p. grav. et portr. fr. 0,50.

Hausegger, Friedrich von. Gedanken eines Schauenden. Gesammelte Aufsätze. Herausg. von Siegmund von Hausegger. München, F. Bruckmann. — gr. 8°. XI, 549 S. mit Bildnis. ℳ 10.

Helmholtz, Herm. von. Vorträge und Reden. 5. Aufl. 2 Bde. Braunschweig, F. Vieweg & Sohn. — gr. 8°. XVI, 422 S. mit 51 Holzst. u. Bildnis u. XII, 434 S. mit 20 Holzst. Je ℳ 8.

Höcker, Gust. Drei große Tondichter. Karl Maria v. Weber. Franz Schubert. Felix Mendelssohn-Bartholdy. In biograph. Erzählungen. Glogau, C. Flemming. — 8°. 318 S. mit 3 Porträts. Geb. ℳ 3.

Hornové, V. A. J. Ceská spěvohra. 8 historickým úvodem dra ZJ. Nejedlého. Praha, Grosman & Svoboda. — 8°. 340 S. mit Porträts u. Faksimiles.
[Ein Führer durch die böhmische Oper.]

Houdard, G. La richesse rythmique musicale de l'antiquité s. vorigen Abschnitt.

Hoursch's Opern-Führer. Köln, Hoursch & Bechstedt. — 12°. Jede Nummer ℳ 0,15.
[No. 17. 22. 23. 25—38. 40.]

Hubbard, Elbert. Little journeys to the homes of great musicians. New York, Putnam. — 8°. 6 + 422 p. portrs. $ 2,50.
[Enthält Skizzen über: R. Wagner, Paganini, Chopin, Mozart, Bach, Mendelssohn, Beethoven, Liszt, Händel, Verdi, Schumann u. Brahms. — Die Londoner Firma Putnam kündigte das Werk zum Preise von 10 s. 6 d. an.]

Hughes, Rupert. ed. The musical guide. 2 vols. New York, McClure, Phillips & Co. — 8°. 11 + 378; 13 + 379 + 808 p. $ 6.

Hughes, Rupert. The love affairs of great musicians. 2 vols. (Music lovers ser.) Boston, L. C. Page & Co. — 12°. 6 + 307 und 6 + 305 p.; pors. $ 3,20.

Huré, Jean. Chansons et danses bretonnes. Angers, Metzner-Leblanc. — 8°. 44 p.

Jacquot, Albert. Essai de répertoire des artistes lorrains. Les luthiers lorrains. Paris, lib. de l'art ancien et moderne. — 8°. 97 p. et planches.

Imbert, Hugues. Médaillons contemporains. Paris (1902), Fischbacher. — 12°. 407 p. avec un tableau. fr. 4.
[Der Umschlag trägt die Jahreszahl 1903.]

Johnson, Helen Kendrick, Reginald de Koven, Gerrit Smith eds. The world's best music; famous songs and those who made them. 8 v. il. New York, The University Society. — 4°. per set $ 21.

Jones, F. A. Famous hymns and their authors. 2. edit. London, Hodder & Stoughton. — 8°. 350 p., portraits, facs. 6 s.
[Die New Yorker Firma Gorham zeigt dasselbe Werk für $ 1,50 an.]

Josephson, Walther. Musikfest zur fünfzigjährigen Jubel-Feier des Duisburger Gesangvereins s. Geschichte der Musik.

Kalkbrenner, August. Musikalische Studien und Skizzen. Gesammelte ausgewählte Aufsätze über militär-musikalische und allgemeine fachwissenschaftlicheThemas. Berlin, Parrhysius. — 8°. IV, 202 S. mit Bildnis. *M* 2,50.

Kelvey, Henry Frederick. Musical addresses. London, Charles H. Kelly. — kl. 12°. 136 p. 1 s. 6 d.
[cf. die Anzeige in der Zeitschrift der intern. Musikgesellschaft IV, S. 742.]

[Knetsch, Berthold.] * Organisation des Unterrichtes im Riemann-Konservatorium zu Stettin. Stettin, Druck von H. Saran. — 8°. 95 S. und eine Tafel.

Koptiajeff, A. Musik und Kultur. Sammlung musikhistorischer und kritischer Vorträge. [Russ. Text.] Moskau, P. Jurgenson. — R. 2.

Kretzschmar, Hermann. Kleine Konzertführer. 10 Nrn. Leipzig, Breitkopf & Härtel. — 12°. à *M* 0,10.

Krüger, Herm. Anders. * Pseudoromantik. Friedrich Kind und der Dresdener Liederkreis. Ein Beitrag zur Geschichte der Romantik. Leipzig (1904), H. Haessel. — gr. 8°. VII, 213 S. *M* 4.

Lavignac, Albert. Musical education; from the French by Esther Singleton. New York, Appleton. — 8°. 6+447 p. Geb. $ 2.
[Die Londoner Firma Appleton zeigt dasselbe Werk für den Preis von 7 s. 6 d. an. cf. auch das vorige Jahrbuch S. 107.]

Lavignac, Albert. Music and musicians; tr. by W. Marchant. 4th ed.; with an appendix on music in Amerika and the present state of the art of music; by H. E. Krehbiel. New York, Holt & Co. — 8°. 7+518 p. il and 510 examples in musical notation. $ 1,75.

Marsop, Paul. Studienblätter eines Musikers. Berlin, Schuster & Loeffler. — gr. 8°. 475 S. *M* 5.

Mason, Dan. Gregory. From Grieg to Brahms; studies of some modern composers and their art. London, Gay & Bird. — 8°. 7 s.
[cf. voriges Jahrbuch S. 107.]

Memoria presentada á los señores socios de la Sociedad Filarmonica Madrileña por su Junta de Gobierno. Madrid, Lit. Crespo.

Montigny, Lucas de. „Essai de musique transcendante (!). Les sons et les couleurs, par Edmond Tardif." Considérations. Aix-en-Provence, Pourcel. — kl. 16°. 23 p. fr. 1.
[cf. voriges Jahrbuch S. 110.]

Musée rétrospectif de la classe 18 (Théâtre). à l'Exposition universelle internationale de 1900, à Paris. Rapport du comité d'installation. Saint Cloud [s. a.], impr. Belin frères. — gr. 8°. 212 p. avec grav.

Musikbücher, Breitkopf & Härtel's. II. Konzertführer. Hrsg. v. H. Kretzschmar. No. 521 c. Mendelssohn, Paulus. Engl. Ausgabe. *M* 0,10.

Musikführer, Der. Leipzig, H. Seemann Nachf. — 8°. Jede Nummer *M* 0,20.
187. Strauß, Rich. op. 33. 4 Gesänge für 1 Singstimme mit Orchester. (Wilh. Mauke.)
193—194. Berlioz, H. op. 22. Te deum. (Arthur Smolian.)
245. Beethoven, L. v. op. 135. Streich-Quartett [F dur]. (Hugo Riemann.)
260. Goldmark, Carl. Ouv. Sakuntala und Im Frühling. (Hugo Medak.)
273. Schumann, Rob. op. 54. Klavier-Konzert. (Adolf Schultze.)
278. Wolfrum, Phil. op. 31. Ein Weihnachts-Mysterium. (Wilh. Klatte.)
283. Bruckner, Anton. 9. Sinfonie. (Karl Grunsky.)
288. Wolf-Ferrari, E. Das neue Leben [La vita nuova]. (Herm. Teibler.)
289. Beethoven, L. van. Sonaten für Pianoforte und Violine. op. 12, 23, 24, 30, 47 und 96. (Ernst Stier.)
290. Strauß, Rich. op. 52. Taillefer. (Arthur Smolian.)

Nietzsche, Fr. Die Geburt der Tragödie. 9./10. Taus. [In: Frdr. Nietzsche's Werke. 1. Abth. 1. Bd.] Leipzig, C. G. Naumann.

Opernführer. Leipzig, H. Seemann Nachf. — Schmal gr. 8°. Jede Nummer *M* 0,50.
76. Bungert, A. Odysseus Tod. (M.Chop.)
105. Massenet, J. Manon. (H. Teibler.)

Opern-Renaissance. Sammlung älterer Opern in zeitgemäßer Neubearbeitung des Textes und der Musik. Herausgeg. von Wilh. Kleefeld. Berlin, Schlesinger'sche Buchh. — Schmal gr. 8°.

Opera-Renaissance. 2. Pör, Ferd. Der Herr Kapellmeister oder Antonius und Kleopatra. [Textbuch.] (Hans Brennert und W. Kleefeld.) — 24 S. ℳ 0,30.

Patrizi, M. L.° La nova fisiologia della emozione musicale. Torino, F. lli Bocca. — 8°. 24 p.
[Dalla Rivista musicale italiana 1903 fasc. 3.]

Pauer, E. Birthday book of musicians and composers for every day in the year. Enl. and impr. edition, edit. by Robin H. Legge. London, Simpkin. — 16°. 306 p. 3 s.

Petrie, George. The complete collection of Irish Music as noted by George Petrie, LL.D., R. II. A. (1789—1868). Edited, from the original manuscripts, by Charles Villiers Stanford. Published by the Irish Literary Society of London. London (1902), Boosey & Co. — 8°. 126 p. + 2 p. facsim.

Piazza, Italo. Proemio ad una storia della musica ed altri scritti d'interesse musicale. Napoli, tip. G. M. Priore. — 4°. 52 p.

Picavet, F. Plotin et les mystères d'Eleusis. Paris, Leroux. — 8°. 19 p.
[Annales du musée Guimet. Revue de l'histoire des religions.]

Platt, Agnes. Stage in 1902. Reprinted from 'London Musical Courier'. London, Simpkin. — 8°. 1 s.

Possony, A. O. v. Franz Liszt u. Hans von Bülow. Ein Künstler-Roman. München, F. Rothbarth. — gr. 8°. V, 431 S. mit Bildnissen. ℳ 4,20.

Prescott, Oliveria. About music, and what it is made of: Book for amateurs. London, Methuen. — 8°. 286 p. 3 s. 6 d.

Prümers, Adolf.° Silcher oder Hegar? Ein Wort über den deutschen Männergesang und seine Literatur. Leipzig, H. Seemann Nachf. — 12°. 15 S. ℳ 0,50.

Reinecke, Carl.° Meister der Tonkunst. Mozart. Beethoven. Haydn. Weber. Schumann. Mendelssohn. Stuttgart, W. Spemann. — gr. 8°. VIII, 480 S. ℳ 7.

Richter, Otto. Musikalische Programmue mit Erläuterungen f. Volkskirchenkonzerte. 2. verm. Aufl. Braunschweig, H. Wollermann. — gr. 8°. VIII, 160 S. ℳ 2.

Riehl, W. H. Kulturstudien aus drei Jahrhunderten. 6. Aufl. Stuttgart und Berlin, J. G. Cotta. — 8°. XII, 446 S. ℳ 6.

Rochas, A. de. Les sentiments: la musique et le geste. Grenoble, H. Falque et Félix Perrin. — 4°. 396 p. mit vielen Abbildungen. fr. 30.
[In 1100 Exemplaren hergestellt; der Preis soll später auf 50 fr. erhöht werden.]

Rodriguez, Solis E. Guia artistica-reseña histórica del teatro y la declamación, y nociones de poesia y literatura dramática. Madrid, R. Alvarez hijos. — 4°. VI, 359 p.

Rouchès, Gabriel. Trois conférences sur l'histoire de la musique. I. La naissance du théâtre lyrique en Italie au XVIe siècle. II. Les maîtres de l'orgue anciens et modernes. III. Le théâtre lyrique en Allemagne; Richard Wagner. Paris, éditions du Courrier musical. 2, rue de Louvois. — 8°. 109 p.

Rousseau, J. J. Œuvres complètes de J. J. Rousseau. T. 6. (Poésies; Botanique; Musique; Dictionnaire de musique.) Paris, lib. Hachette et Cⁱᵉ. — 16°. 367 p. fr. 1,25.
[Les Principaux Ecrivains français.]

Sachse, Julius Friedr. The music of the Ephrata cloister; also Conrad Beissel's treatise on music as set forth in a preface to the „Turtel taube" of 1747, amplified with facsimile reproductions of parts of the text and some original Ephrata music of the Weyrauchs hügel, 1739; Rosen und lilien, 1745; Turtel taube, 1747; Choralbuch, 1754, etc. Philadelphia, J. F. Sachse. — 8°. 108 p. il. por. facsim. Geb. $ 2,50.

Schumann, Jul. Bach, Händel, Mendelssohn. Die protestantische Kirchenmusik in Lebensbildern. [Calwer Familienbibliothek. Bd. 62.] Calw u. Stuttgart (1904). Vereinsbuchhandlung. — 8°. 319 S. mit 3 Bildnissen. Geb. ℳ 2.

Sentenac, A. et M. L'éducation morale à l'école par le chant s. besondere Musiklehre: Gesang.

Simon, Rich. The musical compositions of Somanātha, critically ed., with a table of notations. Leipzig (1904), Harrassowitz. — 4°. IV, 33 autogr. S. ℳ 2,50.

Smith, Hanna. Founders of music: life-sketches for young readers. New York, G. Schirmer. — 8°. 10+152 p. Il. por. $ 1,50.

Smith, N. Songs from the hearts of women; on hundred famous hymns and their writers. Chicago, A. C. McClurg & Co. — 12°. 18 + 271 p. $ 1,40.

Soubies, Albert. Les directeurs de l'académie de France à la villa de Médicis. Paris, Flammarion. — 18°. VII, 127 p. et eau-forte. fr. 3,50.

Steuer, Max. Zur Musik. Geschichtliches, Ästhetisches und Kritisches. Leipzig, B. Senff. — gr. 8°. VIII, 167 S. ℳ 2,50.

Storck, Karl. Das Opernbuch. Ein Führer durch den Spielplan der deutschen Opernbühnen. 3. Aufl. Stuttgart, Muth. — 8°. 358 S. Geb. ℳ 3.

Storck, Karl. Der Tanz. [Sammlung illustrierter Monographien. Herausg. von Hanns von Zobeltitz. Bd. 9.] Bielefeld, Velhagen & Klasing. — Lex. 8°. V, 140 S. mit 7 Kunstbeilagen, 1 Faksm. und 150 Abbildungen. Kart. ℳ 3.

Strutt, J. Sports and pastimes of the people of England. From the earliest period, including the rural and domestic recreations, may games, mummeries, pageants, processions, and pompous spectacles. New ed. enlarged and corrected by J. Charles Cox, London, Methuen. — Fol. 378 p. illus. 21 s.

Symons, A. Plays, acting, and music. London, Duckworth. — 8°. 210 p., 10 portrs. and autographs. 5 s.
Die Firma Dutton in New York zeigte dasselbe Werk für $ 2 an.]

Taddei, A. Dante e la musica; di alcune melodie ispirate al poema dantesco: aggiunta alle considerazioni di C. Bellaigue. Livorno, R. Giusti. — 16°. 15 p.

Taylor, Thom. Die eleusinischen und bacchischen Mysterien. [Aus: „Die Gnosis."] Wien, Manz. — Leipzig, Expedition der Gnosis. — Fol. 35 S. ℳ 0,85.

Thürlings, Adolf.* Die schweizerischen Tonmeister im Zeitalter der Reformation. Bern, A. Francke. — 8°. 32 S. ℳ 0,65.

Tiersot, Julien.* Ronsard et la musique de son temps. Oeuvres musicales de Certon, Goudimel, Janequin, Muret, Mauduit, &c. Paris, Fischbacher. — gr. 8°. 79 p. fr. 3.
[Abgedruckt in den Sammelbänden der Internationalen Musikgesellschaft, IV. 8. 70 ff. und von Breitkopf & Härtel für ℳ 2,40 zu beziehen.]

Valetta, Franchi-Verney, comte della. L'académie de France à Rome 1666—1903. Paris, Fischbacher. — gr. 8°. 175 p. fr. 5.

Violoncellisten der Gegenwart in Wort und Bild. 100 Bilder mit biographischen Skizzen der hervorragendsten Vertreter des Violoncellspiels. Hamburg, Verlagsanstalt und Druckerei Aktien-Gesellschaft. — 8°. 204 S. ℳ 4.

Waldstein, C. Art in the nineteenth century. New York, Macmillan. — 10°. 9 + 110 p. 60 c.
[Handelt auch von Musik.]

Wallaschek, Rich.* Anfänge der Tonkunst. Leipzig, J. A. Barth. — gr. 8°. IX, 349 S. mit 17 Abbildungen u. 4 lith. Taf. ℳ 9.

[**Wolfrum, Philipp.**] Programm und Textbuch zum Heidelberger Musikfest 1903. Heidelberg, Eugen Pfeifer. — ℳ 1,10.

Wossidlo's, Walth., Opern-Bibliothek. Populäre Führer durch Poesie und Musik. (No. 92—95.) Leipzig, Rühle & Wendling. — 8°. à ℳ 0,20.

Biographien und Monographien.

Altenburg, Michael.
Meinecke, L.* Michael Altenburg (1584—1640). Ein Beitrag zur Geschichte der evangelischen Kirchenmusik. [Berliner Diss.] — 8°. 30 S.
[Vollständig abgedruckt in den Sammelbänden der Internationalen Musikgesellschaft V, S. 1 ff.]

Aristoteles.
Tischer, Gerh.* Die aristotelischen Musikprobleme. [Musikwissenschaftliche Studien, veröffentlicht von E. Ebering. Heft 3.] Berlin, E. Ebering. — gr. 8°. 100 S. ℳ 2,50.

Aristoxenos.
Macran, H. S. The harmonics of Aristoxenus; translation, notes, introd. and index. New York, Oxford Univ. Press, (Amer. Branch) (1902). — 12°. 4 + 303 p. Geb. $ 3,50.
[cf. voriges Jahrbuch S. 111.]

Bach, Johann Sebastian.
Bojanowski, Paul von.* Das Weimar Johann Sebastian Bachs. Zur Erinnerung an den 8. April 1703. Weimar, H. Böhlaus Nachf. — gr. 8°. 50 S. mit einer Abbildung. ℳ 1.

Bach, Johann Sebastian.
Dienel, O.* Die moderne Orgel, ihre
Einrichtung, ihre Bedeutung für die
Kirche und ihre Stellung zu Seb. Bach's
Orgelmusik a. Besondere Musiklehre:
Instrumente.
— Höcker, Gust. Johann Sebastian Bach.
[Volksabende, herausg. v. Herm. Kaiser.
5. Heft.] Gotha, Verlagsbureau. — gr. 8°.
23 S. ℳ 0,60.
— Kobelt, M. J. S. Bachs großes Magnificat in D-dur und die für die Anlage der Komposition maßgebenden, günstigen Faktoren. [Erlanger Diss.] — 8°. 69 S. und 3 Tabellen.
— Pirro, A. Johann Sebastian Bach, the organist, and his works for the organ; with a preface by Ch.-M. Widor; from the French by Wallace Goodrich. New York (1902), G. Schirmer. — 8°. 21 + 116 p. $ 1,25.
— Spengel, Julius. Thematischer Führer durch die II moll-Messe. Leipzig, Breitkopf & Härtel. — 8°. ℳ 0,20.

Beethoven, Ludwig van.
Bulle, Heinrich. Klinger's Beethoven und die farbige Plastik der Griechen. München, F. Bruckmann A.-G. — gr. 6°. 48 S. mit 14 Abbildungen. ℳ 1,50.
[cf. Fletscher's Kritik in der Zeitschrift der Internationalen Musikgesellschaft IV, S. 504.]
— Grove, George. Beethoven en zijn negen symphonieën. (Vertaling van J. de Jong.) s-Gravenhage, G. H. van Eck.
— 8°. 8 + 464 p. mit Musikbeispielen. f. 3,50.
— Heinemann, Heinrich. Beethoven und sein Neffe. Drama. Braunschweig, A. Graff. — gr. 8°. 133 S. ℳ 1,50.
— [Helssig, R.]* Zum Dona nobis pacem in Beethoven's Missa solemnis. Leipzig, Druck v. Gebr. Gerhardt. — gr. 8°. 16 S.
— Kalischer, Alfr. Christlieb. Die Macht Beethovens. Eine Erzählung aus dem Musikleben unserer Zeit. Berlin, (Körnerstr. 23), Selbstverlag. — gr. 8°. 272 S. ℳ 4.
— Kalischer, Alfr. Chr. Neue Beethovenbriefe herausg. u. erläutert. 2. Tausend. Berlin, Schuster & Loeffler. — ℳ 4.

Beethoven, Ludwig van.
Matthews, John. The violin music of Beethoven. London, The "Strad" Office. New York, C. Scribner's Sons.
— 8°. 101 p. 2 s. 0 d.
— Nagel, Wilibald.* Beethoven und seine Klaviersonaten. Bd. 1. Langensalza, H. Beyer & Söhne. — gr. 8° VII, 247 S. ℳ 6.
— Rau, Heribert. Beethoven. Ein Künstlerleben. Kulturhistorisch - biographisch geschildert. 2 Bände. 4. Aufl. Leipzig, Th. Thomas. — 8°. IV, 349 u. IV, 405 S. mit 1 Bildnis. ℳ 7,50.
— Rolland, Romain. Vies des Hommes illustres: I. Beethoven. Paris, Edition des Cahiers de la Quinzaine, IVe série, n° 10.
— kl. 8°. 103 p. fr. 2.
— Rudall, H. A. Life of Beethoven; ed. by Fa. Hueffer. New edition. (Great musicians ser.) New York, Scribner [imported]. — 12°. 7 + 165 p. geb. $ 1.
— Shedlock, J. S. Beethoven. (Miniature series of musicians.) London, Bell. — 12°. 66 p. 1 s.
— Tenger, Mariam. Beethoven's unsterbliche Geliebte, nach persönlichen Erinnerungen. 3. Aufl., durchgesehen v. Elisab. von Hagen. Bonn, F. Cohen.
— 8°. VII, 75 S. mit 3 Vollbild. ℳ 1,80.
— Zaluski, Charles. Après une première audition de la neuvième symphonie de Beethoven. Nice, imp. Rosetti. kl. 16°. 10 p.

Bellermann, Heinrich.
Schneider, Otto.* Heinrich Bellermann. Gedächtnisrede. Nebst dem Bilde B's. in Heliograv. u. einem Verzeichnis seiner Kompositionen u. Werke. Berlin, J. Springer. — gr. 8°. 18 S. ℳ 1.

Berlioz, Hector.
Allix, G.* Sur les éléments dont s'est formée la personnalité artistique de Berlioz. Grenoble, impr. Allier frères.
[Extrait du Bulletin de l'Académie delphinale, 4e série, t. 17.]
— Berlioz, Ettore. La dannazione de Faust: leggenda drammatica in quattro parti. Addattamento scenico di Raoul Gunsburg. Versione italiana di Ettore Gentili. Milano (1902), E. Sonzogno.
— 16°. 50 p. L. 1.

Berlioz, Hector.

Berlioz, Hector. Les musiciens et la musique s. vorigen Abschnitt.

— Berlioz, H. Life. As written by himself in his letters and memoirs. Transl. from French with an introduction by Katharine F. Boult. London, Dent. — 8°. 324 p. 3 s. 6 d.

— Berlioz, Hector. Literarische Werke. 1. Gesamtausgabe s. vorigen Abschnitt.

— Feuillet, Georges. [pseudon.] L'œuvre intense de Hector Berlioz. 2e édition. Grenoble, imp. Barntier et Dardelet. — kl. 8°. 20 p. 50 c.

— [Flat, Paul.]° „Une page d'amour romantique." Lettres inédites à Mme Estelle F... Paris, Éditions de la Revue bleue. — 8°. 59 p. fr. 1 50.

— Michoud, L. Lettres inédites de H. Berlioz à Thomas Gounet publiées par L. M. et annotées par G. Alliz. Grenoble, Allier frères. — 8°. 33 p.

— Morillot, Paul. Berlioz écrivain. Grenoble, typographie Allier frères, 26, Cours de Saint-André.

— Pocat, Louis. Hommage à Hector Berlioz (1803—1903). (vers). Grenoble, imp. Allier frères. — 8°. 7 p.

— Savigné, E. J. Hector Berlioz. Historique des comités dauphinois et parisien; inauguration des statues à Paris et à la Côte-Saint-André. Vienne, Ogeret et Martin. — 8°. 32 p. et portrait.

— Smolian, Arthur. Stella del monte. Rotschimmernde Erinnerungsblätter aus dem Lebensherbste eines Romantikers. Nach Berlioz' Memoiren wiedergegeben. Leipzig, H. Seemann Nachf. — 12°. 65 S. mit 1 Bildnis. ℳ 0,60.

— Tiersot, Julien.° Hector Berlioz et la société de son temps. Paris, Hachette et Cie. — 8°. 111, 373 p. fr. 3,50.

Die „Berlioz-Nummern" der verschiedenen Zeitschriften sind hier nicht registriert worden, da sie als Fortsetzungen mit weiterlaufender Paginierung erschienen sind. Eine Ausnahme davon bildete die Berlioz-Nummer von „Le Guide musical", die der Nummer 48 dieser Zeitschrift als selbständige Beilage mit eigener Paginierung unter dem Titel „Centenaire de Hector Berlioz, 1803—1903", beigegeben war. Bruxelles, Bureau du „Guide musical". gr. 8°. 44 S. mit Portraits, Abbildungen und Faksimiles. fr. 1.

Bossi, M. Enrico.

Weber, Wilhelm. Das verlorene Paradies. Symphon. Dichtung in einem Prolog und 3 Teilen. Für Soli, Chor, Orchester u. Orgel ..... op. 125. Erläuternde Einführung. Leipzig, Rieter-Biedermann. — gr. 8°. 24 S. ℳ 0,50.

Brahms, Johannes.

Kalbeck, Max.° Johannes Brahms. Erster Band. 1833—1862. Wiener Verlag, Wien und Leipzig (1904). — gr. 8°. VIII, 512 S. ℳ 10. Mit Portraits, Faksimiles und vielen Notenbeispielen.

— Mason, D. G. From Grieg to Brahms s. vorigen Abschnitt.

— Reimann, Heinr. Johannes Brahms. [Berühmte Musiker. 1. Bd.] 3. verb. u. verm. Aufl. Berlin, „Harmonie". — gr. 8°. VII, 127 S. mit Abbildg., 2 Taf. u. 6 Fksms. Geb. ℳ 4 resp. ℳ 6 u. 12.

Bruch, Max.

Maschke, Ernst. Max Bruch. Op. 73. Gustav Adolf für Chor, Solostimmen, Orchester und Orgel. Erläutert. Berlin, Simrock. — 8°. ℳ 0,30.

— Maschke, Ernst. Max Bruch. Op. 78. Damajanti für Sopran-Solo, Chor und Orgel. Erläutert. Ebenda. — 8°. ℳ 0,20.

Bruneau, Alfred.

Destranges, Etienne. L'ouragan, étude analytique et thématique. Paris, Fischbacher. — 16°. 67 p. avec un portr. fr. 1,50.

— Destranges, Etienne. Kérim, le Requiem, la Belle au bois dormant, Penthésilée, les Lieds de France, les Chansons à danser d'Alfr. Bruneau. Ebenda. — 16°. 55 p. fr. 1,50.

Bungert, August.

Chop, Max. August Bungert, ein deutscher Dichterkomponist. Eine monographische Studie. (Moderne Musiker.) Leipzig, H. Seemann Nachf. — gr. 8°. 100 S. mit 4 Abbildungen. ℳ 1.

Chopin, Frédéric.

Hadden, J. C. Chopin. (Master Musicians.) London, Dent. — 16°. 258 p. Illus., Portraits. 3 s. 6 d.

Cimarosa, Domenico.
Polidoro, Federico. La vita e le opere di Domenico Cimarosa. [In: Atti della accademia pontaniana. Vol. XXXII (serie II, vol. VII). Napoli (1902), tip. della r. Università di A. Territore e figlio. — 4°.

Elgar, Edward.
Jaeger, A. J. The dream of Gerontius by Edward Elgar. Book of words with analytical and descriptive notes and 76 musical examples. London, Novello & Co. — 1 s.

Forster, Georg.
Marriage, Elizabeth.* Georg Forster's frische teutsche Liedlein in fünf Teilen. Abdruck nach den ersten Ausgaben 1539, 1540, 1549, 1556 mit den Abweichungen der späteren Drucke. [No. 203—206 der Neudrucke deutscher Litteraturwerke des XVI. und XVII. Jahrhunderts.] Halle, M. Niemeyer. — kl. 8°. XX, 278 S. ℳ 2,40.

Gade, Niels W.
Hetsch, Gustav. Jacob Adolf Hägg. Ein schwedischer Komponist und sein Verhältnis zu N. W. Gade s. unter Hägg, Jacob Adolf.

Glinka, M. J.
Findeisen, Nic. M. J. Glinka. Sein Leben und Schaffen. [Russischer Text.] Moskau, P. Jurgenson. — Mit 36 Portr., Abbildungen und Faksimil. 50 K.
— Walther, W. Die Oper „Russlan und Ludmilla" von M. Glinka. [Russ. Text.] St. Petersburg, Selbstverlag. — 80 K.

Goldoni, Carlo.
Spinelli, A. G. Quattro note Goldoniane: 1. Lapide a Modena. 2. Ritratto ignorato. 3. Il sonetto del Vicini contro i Gesuiti. 4. Melodramma giocoso poco noto; Oratorio dubbio. Modena, Tipo-Litografia Forghieri e Pellequi.

Gossec, Fr. J.
Hellouin, Frédéric.* Gossec et la musique française à la fin du XVIIIe siècle. Paris, Charles. — 8°. 201 p. avec portr. fr. 3,50.

Gounod, Charles.
Tolhurst, H. Gounod. (Miniature series of musicians.) London, Bell. — 12°. 64 p. 1 s.
Jahrbuch 1906.

Grieg, Edvard.
Mason, D. G. From Grieg to Brahms s. vorigen Abschnitt.

— Schjelderup, Gerhard. Edvard Grieg og hans Værker. Et Festskrift i Anledning af hans 60 aarige Födselsdag. Köbenhavn, Gyldendalske Boghandels Förlag. — 8°. 161 S.

Grove, Sir George.
Graves, Charles L.* The life & letters of Sir George Grove, C. B. London, Macmillan and Co. — gr. 8°. 484 p. with portraits. 12 s. 6 d.
[In New York wurde das Werk von derselben Firma geb. für $ 4 angezeigt.]

Hägg, Jacob Adolf.
Hetsch, Gust. Jacob Adolf Hägg. Ein schwedischer Komponist, und sein Verhältnis zu N. W. Gade. Deutsch von Joh. Fr. Werder. Leipzig, Hofmeister. — 8°. 19 S. ℳ 0,30.

Haeser, Georg.
Hunziker, Rudolf. Hadlaub. Oper v. Georg Haeser. Einführung in Dichtung und Musik. Zürich, Schulthess & Co. — gr. 8° mit 29 in den Text gedruckten Notenbeispielen. ℳ 1,50.

Hausegger, Siegmund von.
Noë, Oskar. Siegmund von Hausegger. Barbarossa. Symphonische Dichtung. Analyse. Berlin, Ries & Erler. — 8°. ℳ 0,20.

— Noë, Oskar. S. v. Hausegger. Dionysische Phantasie. Symphonische Dichtung. Analyse. Ebenda. — 8°. ℳ 0,20.

Heinse, Wilhelm.
Sulger-Gebing, Emil. Wilhelm Heinse. Eine Charakteristik zu seinem 100. Todestage. München, Th. Ackermann. — 8°. IV, 39 S. ℳ 0,80.

Helmholtz, Hermann von.
Koenigsberger, Leo.* Hermann von Helmholtz. 2. 3. Band. Braunschweig, F. Vieweg & Sohn. — gr. 8°. XIV, 383 S. mit 2 Bildnissen und IX, 142 S. mit 4 Bildnissen und einem Faksimile. ℳ 8 und ℳ 4.

8

Herzogenberg, Heinrich von.
Altmann, Wilhelm.* Heinrich von Herzogenberg. Sein Leben und Schaffen. [Wesentlich erweiterter Abdruck aus „Die Musik". II. Jahrgang. Heft 19.] Leipzig, Rieter-Biedermann. — gr. 8°. 30 S. mit Portr. u. 1 Notenbeilage. ℳ 0,75.

Hoffmann, E. T. A.
Klinke, Otto. E. T. A. Hoffmanns Leben und Werke. Vom Standpunkte eines Irrenarztes. Braunschweig, R. Sattler. — 8°. XX, 239 S. ℳ 2,25.

— Müller, Hans von.* Das Kreislerbuch. Texte, Compositionen und Bilder von E. T. A. Hoffmann. Leipzig, Im Insel-Verlage. — gr. 8°. L, 302 S. u. 12 S. in qu. gr. 8° Musik. ℳ 6.

Indy, Vincent d'.
Calvocoressi, M.-D. L'Étranger, action musicale en deux actes, de V. d'Indy. Le poème; analyse thématique de la partition. Paris, éditions du Courrier musical. — 8°. 20 p. avec musique et un portr. fr. 1.

Klafsky, Katharina.
Ordemann, Ludw. Aus dem Leben und Wirken von Katharina Klafsky. Hameln, Th. Fuendeling. — gr. 8°. VII, 90 S. mit 1 Bildnis. ℳ 1,20.

Klein, Bernhard.
Koch, C. Bernhard Klein (1793—1832). Sein Leben und seine Werke. Ein Beitrag zur Musikgeschichte, im besonderen Berlins. [Rostocker Dissert.] — 8°. 92 S. mit Noten im Text.

Königshofen.
[Mathias-Vogelein.*] Der Straßburger Chronist Königshofen als Choralist. Sein Tonarius, wiedergefunden von Martin Vogelein, hrsg. von F. X. Mathias. Graz, „Styria" in Komm. — 8°. XII, 191 S. mit 3 Tafeln. ℳ 4,50.

Lachner, Franz.
Kronseder, Otto.* Franz Lachner. Eine biographische Skizze zur Erinnerung an seinen 100. Geburtstag. 2. April 1903. [Aus „Altbayr. Monatsschrift".] Leipzig, Breitkopf & Härtel. — hoch 4°. 55 S. mit 24 Abbildgn. u. 1 Notenfaksim. ℳ 2.

Leschetizky, Theodor.
Potocka, Comtesse Angèle. Theodore Leschetizky: an intimate study of the man and the musician; from the French by G. Seymour Lincoln. New York, Century Co. — 12°. 20 + 307 p. $ 2.

Liszt, Franz.
La Mara.* Briefe hervorragender Zeitgenossen an Franz Liszt. Nach den Handschriften herausgegeben. 3. Band. 1836 bis 1886. Neue Folge. Leipzig, Breitkopf & Härtel. — 8°. XII, 414 S. ℳ 6.

Luther, Martin.
Knoke, K. Ausgaben des Lutherschen Enchiridions bis zu Luthers Tode und Neudruck der Wittenberger Ausgabe von 1535. Stuttgart, Greiner & Pfeiffer. — gr. 8°. 40 S. ℳ 0,80.

— Köstlin, Jul. Martin Luther. Sein Leben und seine Schriften. 5. neu bearb. Aufl., nach des Verf. Tode fortgesetzt von G. Kawerau. 2 Bände. Berlin, A. Duncker. — gr. 8°. Je ℳ 10.

— Zelle, Friedr.* Das älteste lutherische Haus-Gesangbuch s. Geschichte der Musik.

Mayr, Simon.
Scotti, Christoforo. Giovanni Simone Mayr: discorso pronunciato all' istituto musicale G. Donizetti . . . . . di Bergamo (20. XII. 1902) commemorandosi il primo centenario della sua nomina a maestro di cappella di s. Maria Maggiore. Bergamo, Istituto italiano d'arti grafiche. — 8°. 50 p.

Mendelssohn-Bartholdy, Felix.
Hensel, S. Die Familie Mendelssohn. 1729—1847. Nach Briefen und Tagebüchern. 2 Bände. 11. [Titel-] Aufl. Vermehrt um ein Geleitwort von Paul Hensel und einem Portrait S. Hensels. Berlin, B. Behr. — gr. 8°. XI, 383 u. VII, 400 S. mit Portraits. ℳ 12.

— Höcker, G. Felix Mendelssohn-Bartholdy s. den vorigen Abschnitt.

— Pasqué, Ernst. Wer hat dich, du schöner Wald . . . ? Eine Lieder-Erzählung aus dem Leben Felix Mendelssohn-Bartholdys. [Wiesbadener Volksbücher. Hrsg. vom Volksbildungsverein zu Wiesbaden. No. 35.] Wiesbaden, H. Staadt in Komm. — 12°. 41 S. ℳ 0,10.

Mendelssohn-Bartholdy, Felix.
Simon, Johannes. Antigone. Trauerspiel. Zur Aufführung in Schulen und Vereinen der gleichnamigen Tragödie des Sophokles in gedrängter Kürze nachgebildet als verbindender Text zu Mendelssohns Chören zur Antigone und mit einem Vorspruch versehen. Gelsenkirchen, Schalke, E. Kannengießer. — gr. 16°. 48 S. ℳ 0,80.

Mozart, Wolfgang Amadeus.
Engl, Joh. Ev.* 22. Jahresbericht der internationalen Stiftung: Mozarteum in Salzburg 1902. Salzburg, E. Höllrigl. — Lex. 8°. 68 S. ℳ 0,75.

— 14. Jahresbericht der Mozart-Gemeinde pro 1902. Vorgetragen und genehmigt bei dem am 28. April 1903 abgehaltenen XXIII. Mozartitage. Salzburg, (E. Höllrigl). — Lex. 8°. 96 S. ℳ 0,75.

— Levi, Hermann. Mozart's Don Juan. Der bestrafte Wüstling oder Don Juan. Heiteres Drama. Dichtung von Lorenzo da Ponte. Der italien. Orig.-Text mit hauptsächl. Benützung der Übersetzung von Frz. Grandaur, neu bearb. 2. Aufl. München (1902), Th. Ackermann. — 12°. 93 S. ℳ 0,60.

— Mitteilungen* f. d. Mozart-Gemeinde in Berlin. Herausgegeben von Rudolph Genée. Berlin, E. S. Mittler & Sohn in Kommission. Heft 15 und 16. — gr. 8°. je ℳ 1,50. Heft 15. S. 153—184 und Notenbeilage 8 S.; Heft 16. S. 185—242.

— Prout, E. Mozart. (Miniature series of musicians.) London, Bell. — 12°. 72 p. 1 s.

— Schoepp, Hugo. Mozart: Dramatisches Charakterbild. Mit einer Vorbemerkung. [Bibliothek der Gesamtlitteratur des In- und Auslandes No. 1712.] Halle, O. Hendel. — 8°. IV, 64 S. ℳ 0,25.

Neri, Filippo.
Bacci, (Father). The life of St. Philip Neri, apostle of Rome and founder of the congregation of the oratory. New and rev. ed.; ed. by F. Ignatius Antrobus. St. Louis, Mo., B. Herder. 2 vol. — 8°. 43 + 392 u. 11 + 447 p. porc. geb. $ 3,75.

Neri, Filippo.
Baset, F. Vie de saint Philippe de Néri, apôtre de Rome. Albi (1902), impr. des Apprentis-Orphelins. — kl. 8°. XV, 101 p. et grav.

Nourrit, Adolphe.
Boutet de Monvel, Étienne.* Un artiste d'autrefois. Adolphe Nourrit: sa vie et sa correspondance. Paris, Plon-Nourrit et C¹ᵉ. — 16°. II, 321 p. avec portr. fr. 3,50.

Paganini, Niccolò.
Bruni, Oreste. Niccolò Paganini, celebre violinista genovese: racconto storico. 2ᵃ ediz. corretta e aumentata. Firenze, Galletti e Cocci. — 16°. 150 p. e ritr.

Palestrina, Giovanni Pierluigi da.
Bäuerle, Herm.* Palestrina muß populärer werden und zwar auf breiterer, dabei zeitgemäßer Grundlage. Leichtverständliche Worte der Einladung an strebsame Dirigenten und eifrige Anhänger einer heiligen Musik, in heiligem Ernste und bester Absicht offen ausgesprochen am Anfang des 20. Jahrhund. Regensburg, A. Coppenrath. — gr. 8°. 30 S. ℳ 0,40.

— Cametti, Alberto.* Un nuovo documento sulle origini di Giov. Pierluigi da Palestrina. Il testamento di Jacobella Pierluigi (1527). Torino, F. lli. Bocca. — gr. 8°. 11 p.
[Estratto dalla Rivista music. ital. X, fasc. 3°.]

Pedrell, Felipe.
La Celestina. Tragicommedia lirica de Calisto y Melibea. (Texto castellano del libretto.) Barcelona, tipo-litografía de Salvat y Ca, 8. en C. — 4°. VII, 87 p.
[Die Musik ist von Felipe Pedrell.]

Pepys, Samuel.
Bridge, Frederick. Samuel Pepys, Lover of music. London, Smith, Elder and Co. — 8°. 136 p. mit Portr. und Musikbeispielen. 5 s.

Philips, Peter.
Bergmans, Paul.* L'organiste des archiducs Albert et Isabelle: Peter Philips (Pietro Philippi). Lecture faite à la séance publique de l'Académie royale d'archéologie de Belgique, le 12 octobre 1902. Gand, C. Vyt. — 8°. 38 p. et un portr. fr. 1,50.

8*

Proksch, Josef.
Thomas, Ferdinand. Tonmeister Proksch und Maler Führich. [Jugendschriften Bd. 6.] Reichenberg, F. Augsten. — 12°. 63 S. mit 2 Bildern. ℳ 0,65.

Puccini, Giacomo.
Illica, L. et G. Giacosa. La Tosca.. Traduction française de Paul Ferrier. Paris, Ricordi et Co. — 18°. 82 p.

Reichardt, Johann Friedrich.
Lange, C. Joh. Friedrich Reichardt. Denkschrift zu seinem 150. Geburtstage. Halle (1902), J. Krause. — gr. 8°. 66 S. mit Abbildungen. ℳ 1.

— Pauli, Walther.° Johann Friedrich Reichardt, sein Leben und seine Stellung in der Geschichte des deutschen Liedes. [Musikwissenschaftl. Studien, veröffentlicht von E. Ebering. 2. Heft.] Berlin, E. Ebering. — gr. 8°. VII, 228 S. ℳ 6.

Rendano, Alfonso.
Grunsky, Karl. Consuelo. Lyrisches Drama v. Francesco Cimmino. Deutsch v. Aug. Harlacher. Musik v. Alfonso Rendano. Opernführer. Stuttgart, Luckhardt. — gr. 8°. 48 S. ℳ 0,40.

Rinckart, Martin.
Büchting, Wilh. Martin Rinckart. Ein Lebensbild des Dichters von „Nun danket alle Gott." Auf Grund aufgefundener Manuskr. Göttingen, Vandenhoeck & Ruprecht. — gr. 8°. IV, 124 S. mit 1 Stammtafel. ℳ 2,40.

Rossini, Gioacchino.
Mantovani, Tancredi. Gioacchino Rossini a Lugo e il cembalo del suo maestro Malerbi. Pesaro (1902), tip. G. Federici. — 4°. 12 p.

— Pozzolini Siciliani Cesira. Traslazione delle ceneri di Gioacchino Rossini da Parigi a Firenze e onoranze fiorentine inaugurandosi in s. Croce il monumento al grande maestro, 23 giugno 1902. Pistoia (1902), tip. G. Flori. — 8°. 21 p.

Rousseau, Jean Jacques.
Rousseau, J. J. Œuvres complètes T. 6. s. vorigen Abschnitt.

Schröter, Corona.
Pasig, Paul. Goethe u. Corona Schröter (gestorben am 23. VIII. 1802 in Ilmenau). [In „Goethe und Ilmenau." Festgabe der Stadt Ilmenau zur 17. Jahres-Versammlung der Goethe-Gesellschaft. 3. durchweg ergänzte Aufl.] Ilmenau (1902), A. Schröter. — gr. 8°. 27 S. ℳ 1.

Schubart, Christ. Friedr. Dan.
Holzer, Ernst.° Schubartstudien. [In: Mitteilungen des Vereins für Kunst und Alterthum in Ulm und Oberschwaben. 10. Heft.] Ulm (1902), (L. Frey.) — hoch 4°. II, 52 und 15 S. mit einem Bildnis und Musikbeilagen. ℳ 1,50

Schubert, Franz.
Höcker, Gust. Franz Schubert s. dem vorigen Abschnitt.

Schumann, Clara.
Litzmann, Berthold. Clara Schumann. Ein Künstlerleben. Nach Tagebüchern u. Briefen. 1. Bd. Mädchenjahre 1819—1840. 2. verbesserte Aufl. Leipzig, Breitkopf & Härtel. — gr. 8°. VIII, 431 S. mit 3 Bildnissen. ℳ 9.
[cf. voriges Jahrbuch.]

Schumann, Robert.
Patterson, Annie W. Schumann. (Master Musicians). London, Dent. — 8°. 248 p. Illus., Portr. 3 s. 6 d.
[Dasselbe Werk zeigte die Firma Dutton-New York für $ 1,25 an.]

Smetana, Friedrich.
Nejedlý, Zdeněk. Bedřich Smetana. Prag, Hejda & Tuček. — 8°. 62 S. mit mehreren Bildern. Kr. 1.

Stewart, Robert.
Culwick, J. C. The works of Sir Robert Stewart. Dublin (1902), University Press. — 12°. 24 p.
[cf. Zeitschrift der Internationalen Musikgesellschaft. IV, 427.]

Stradivari, Antonio.
Stradivari, Antonio. Antonio Stradivari; his life and work. New York (1902), Dodd, Mead & Co. — 4°. geb. $ 16.

Strauss, Richard.
Closson, Ernest. Les origines légendaires de *Feuersnoth* de Richard Strauss. Bruxelles (1902), imprim. A. Lefèvre. — 8°. 23+2 p.
[Extrait de la Revue de l'Université de Bruxelles, décembre 1902.]

Strauss, Richard.
Roesch, Friedrich. A hero's life.
Symphonic poem f. grand Orchestra composed by Rich. Strauss. Explanatory analysis. Leipzig, Leuckart. — qu. 8°. ℳ 0,40.

Sullivan, Arthur.
Wyndham, H. S. Arthur Sullivan. Chapter by Ernest Ford. (Miniature series of musicians.) London, Bell. — 12°. 90 p. 1 s.

Tschaikowsky, Peter.
Riemann, H. Die Symphonie „Manfred" op. 57 von P. Tschaikowsky. [Ins Russische übersetzt von B. Jurgenson.] Moskau, P. Jurgenson. 10 K.
— Tschaikowsky, Modeste. Peter Iljitsch Tschaikowsky's Leben. Ins Deutsche übersetzt von Paul Juon. Moskau-Leipzig, P. Jurgenson. Lief. 8—12. Je ℳ 0,90.
— Turygin, L. P. Tschaikowsky. Zu seinem 10jährigen Todestage. [Russ. Text.] St. Petersburg, Selbstverlag. 20 K.

Veit, Heinrich Wenzl.
John, Alois.* Heinrich Wenzl Veit 1806—1862. Lebensbild eines deutschböhm. Tondichters. Eger, Druck von J. Kobrtsch & Gschihay. — 8°. 48 S. Portr. u. Ansicht des Geburtshauses. ℳ 1.

Verdi, Giuseppe.
Bernardi, G. G. Il maestro: discorso tenuto alla commemorazione verdiana organizzata dalla scuola libera popolare di Venezia. Venezia, tip. F. Visentini. 16°. 18 p.
— Marone, Vincenzo. In memoria di Giuseppe Verdi: parole nei funerali a S. Fele nel trigesimo della sua morte. Palermo, tip. S. Biondo. — 16°. 16 p.
— Monte, Giovanni dal. Commemorazione di Giuseppe Verdi. [In: Atti dell'accademia olimpica di Vicenza. Vol. XXXIII.] Vicenza, tip. L. Fabris e C. — 8°.
— Vitali, Luigi. Giuseppe Verdi. [In: Patria e religione: commemorazioni (1860—1903).] Milano, L. F. Cogliati.

Vitré, Robert de.
Broussillon, B. de. Robert de Vitré, chanoine de Saint-Julien du Mans et chantre de Notre-Dame de Paris (1197 bis 1208). Laval, imprim. Goupil. Le Mans, 15, rue de Tascher. — 8°. 16 p. avec fig.
[Tirage à part de la Province du Maine.]

Volkmann, Robert.
Volkmann, Hans.* Robert Volkmann. Sein Leben und seine Werke. Leipzig, H. Seemann Nachf. — gr. 8°. 197 S. mit Bildern und Faksimiles. ℳ 3.

Wagner, Richard.
Benson, E. F. The Valkyries. A romance founded on Wagner's grand operas. London, Dean & Son. — 6 s.
[Die Firma T. F. Unwin, London u. Leipzig, zeigte in Hinrichs' wöchentlichem Verzeichnis No. 32 dasselbe Werk für den Preis von ℳ 1,50 an.]
— Cleather, Alice Leighton and Basil Crump. The Ring of the Nibelung. An interpretation embodying Wagner's own explanations. London, Methuen & Co. — 12°. 150 p. 2 s. 6 d.
[G. Schirmer in New York zeigte das Werk für $ 1 an. Im Titel steht abweichend von der Londoner Ausgabe : . . . . . „embodying Wagner's own explanation".]
— Crump, Basil, s. Cleather, Alice Leighton.
— Dry, Wakeling. Nights at the Opera. Vols. 4, 5, 6. Wagner. 3 vols in case. London, De la More Press. — 8°. 3 s. 6 d.
— Ellis, William Ashton. Life of Rich. Wagner. An authorized English version of C. F. Glasenapp's „Das Leben Richard Wagner's". Vol. III. London, Kegan Paul, Trench, Trübner & Co. — 8°. 16 s.
[cf. voriges Jahrbuch S. 118.]
— Fuchs, Hanns. Richard Wagner und die Homosexualität. Unter besonderer Berücksichtigung der sexuellen Anomalien seiner Gestalten. Berlin, H. Barsdorf. — gr. 8°. VIII, 278 S. ℳ 4.
— Giessler, Willy. Das Mitleid in der neueren Ethik, mit besonderer Rücksicht auf Fr. Nietzsche, R. Wagner u. L. Tolstoi. Halle, C. A. Kaemmerer & Co. — gr. 8°. 178 S. ℳ 2.
— Glasenapp, Carl Fr.* Das Leben Richard Wagner's, in 6 Büchern dargestellt. 3., gänzlich neu bearb. Ausgabe. III. Bd. 1. Abth. (1864—1872). Leipzig, Breitkopf & Härtel. — gr. 8°. XV, 460 S. mit 1 Bildnis. ℳ 7,50.
— Glasenapp, C. F. Life of Rich. Wagner s. Ellis, W. Ashton.
— Hartwich, Otto.* Richard Wagner und das Christentum. Leipzig, G. Wigand. — 8°. VIII, 166 S. ℳ 2.

Wagner, Richard.
— Huckel, Oliver. Parsifal: a mystical drama, by Richard Wagner; retold in the spirit of the Bayreuth interpretation. New York, Crowell & Co. — 12°. 71 p. with 5 il. geb. 75 c.
— La Mara. R. Wagners Briefe an August Röckel. 2. Aufl. Leipzig, Breitkopf & Härtel. — 8°. 84 S. ℳ 2.
— Lettres de Richard Wagner à Théodore Uhlig, Guillaume Fischer, Ferdinand Heine. Traduction par G. Khnopff. Paris, Juven, (Leipzig, Breitkopf & Härtel). — 8°. 427 p. et un portr. fr. 7,50.
— Levy, Gustav. Richard Wagner's Lebensgang in tabellarischer Darstellung. Mit einem Portrait R. Wagner's und Anhang: Tabelle der hauptsächlichsten zeitgenössischen Opernwerke, nach den Jahren ihrer Erstaufführung geordnet. Berlin (1904), Harmonie. — gr. 8°. 648 S. ℳ 1.
— Müffelmann, L. Richard Wagner und die Entwicklung zur menschlichen Freiheit, nebst einer einleitenden Dichtung und einem Anhang: „Wagners Lebens- und Werdegang" in Tabellenform. (Eine Festgabe zu den aus Anlaß der Enthüllung des Berliner Richard Wagner-Denkmals vom 30. Sept. bis 5. Okt. 1903 stattfindenden Festlichkeiten.) Berlin, Rich. Schröder. — gr. 8°. 48 S. ℳ 1.
— Navarra, Ugo. Note illustrative ai Maestri Cantori di Norimberga di R. Wagner. Udine (1902), tip. D. Del Bianco. — 8°. 50 p. e ritr.
— Parallelen, Musikalisch - dramatische. Beiträge zur Erkenntnis von der Musik als Ausdruck. Gesammelt von mehreren Wagnerianern, erläutert durch Einen. [Sonderabdruck aus den Bayreuther Blättern 1891/1892.] Bayreuth, Verlag der Bayreuther Blätter.
— Petsch, Rob. Richard Wagner, Die Meistersinger. [Deutsche Dichter des 19. Jahrhunderts. Ästhet. Erläuterungen für Schule u. Haus. Hrsg. v. Otto Lyon. Band 10.] Leipzig, B. G. Teubner. — gr. 8°. 48 S. ℳ 0,50.
— Pfordten, Herm. Freiherr von der. Handlung und Dichtung der Bühnenwerke Richard Wagners s. vorig. Jahrg.

Wagner, Richard.
— Popper, Jos. Einige Gedanken über Kant, Goethe und Richard Wagner. [Artikelserie in der Wiener „Neuen Freien Presse".]
[cf. das Referat in Lessmann's Allgemeiner Musik-Zeitung XXX, S. 727.]
— Possony, A. O. v. Der Roman Richard Wagners. Herzensgeschichten des Kompositeurs. Leipzig, Verlag der „Frauen-Rundschau". — gr. 8°. 425 S. ℳ 3.
— Der Ring des Nibelungen: Souvenir of 3 Wagner Cycles at Royal opera house, Covent Garden, 1898. Vol. I, London, Greening. — 8°. Geb. 1 s.
— Röckl, S. Was erzählt Richard Wagner über die Entstehung seines Nibelungengedichtes und wie deutet er es? 1853 bis 1903. Aus brieflichen Äußerungen des Meisters zusammengestellt. Leipzig, Breitkopf & Härtel. — gr. 8°. 38 S. ℳ 0,75.
— Röckl, S. Ludwig II. und Rich. Wagner s. vorigen Jahrgang.
— Rouchès, G. Le théâtre lyrique en Allemagne; R. Wagner s. vor. Abschnitt.
— Sakolowski, Paul. Parsifal. (Nach einem Vortrag.) Altenburg, Th. Unger. — 8°. 32 S. ℳ 0,60.
— Schelling, H. von. Was muß man von Richard Wagner und seinen Tondramen wissen? Berlin, H. Steinitz. — gr. 8°. 80 S. ℳ 1.
— Schuré, Édouard. Le drame musical. Richard Wagner, son œuvre et son idée. Nouvelle édition augmentée des Souvenirs sur Richard Wagner. Paris, Perrin & Cie. — 16°. fr. 3,50.
— Smolarz v. Dobiaschowsky, Rob. Bayreuth-München. Eine Studie. Arnstadt. (Leipzig, Raum.) — 8°. 23 S. ℳ 0,60.
— Aus A. Stahr's Nachlaß . . . . . hrsg. v. Ludwig Geiger. Oldenburg, Schulze. — gr. 8°. LXIX, 356 S. ℳ 5.
[Enthält u. a. auch Briefe von R. Wagner.]
— Steiner, A.° Richard Wagner in Zürich. 3. Tl. (1855—1858.) [In: 91. Neujahrsblatt der allgemeinen Musikgesellschaft in Zürich 1903.] Zürich, Gebr. Hug & Co. in Komm. — gr. 4°. 34 S. mit 2 Bildnistafeln. ℳ 2,50.

Wagner, Richard.
Tappert, Wilh. Richard Wagner im Spiegel der Kritik. Wörterbuch der Unhöflichkeit, enthaltend grobe, höhnische, gehässige und verleumderische Ausdrücke, die gegen den Meister Richard Wagner, seine Werke und seine Anhänger von den Feinden und Spöttern gebraucht wurden. Zur Gemütsergötzung in müßigen Stunden gesammelt. 2., bedeut. verm. u. umgearb. Aufl. des „Wagnerlexikons". Leipzig, C. F. W. Siegel. — gr. 8°. VII, 106 S. Geb. ℳ 2,50.
— Thode, Henry. Wie ist Richard Wagner vom deutschen Volke zu feiern? Vortrag. 1.—3. Taus. Heidelberg, C. Winter. — gr. 8°. 31 S. ℳ 0,60.
— Tomicich, Hugo. Von welchem Werke Richard Wagners fühlen Sie sich am meisten angezogen? Ansichten bekannter Persönlichkeiten über die dramatischmusikalischen Schöpfungen des Bayreuther Meisters, gesammelt und herausgegeben. Bayreuth, Grau. — 8°. VII, 184 S. mit mehreren Illustrationen. ℳ 3,50.
— Valot, Stéphane. Les héros de Richard Wagner. Etudes sur les origines indoeuropéennes des légendes wagnériennes. Préface de Paul Regnaud. Paris, Fischbacher. — 16°. XIV, 133 p. fr. 3.
— Wagner, Richard, in der Verehrung des deutschen Volkes. Eisenach und Leipzig, Verlag der Wartburgstimmen. — ℳ 0,30.
(Vorlage bildete eine Anzeige in der Neuen musikalischen Presse.)
— Wirth, Moritz. Der Wagnerdenkmalstreit und die Leichnerhetze. Leipzig, O. Mutze. — gr. 8°. 64 S. mit einem Bilde des Wagner-Denkmals. ℳ 1.

Wagner, Richard.
La Walkyria. Primera jornada de la tetralogia L'Anell del Nibelung. Traducció catalana adaptada a la música per Xavier Viura y Antoni Ribera. Acompanyant al text la exposició dels temas y figuras musicals ab llur quadro synóptich. Barcelona, Associació Wagneriana. — kl. 8°. 136 p. Pes. 3.

Weber, Karl Maria von.
Höcker, Gust. Karl Maria v. Weber s. den vorigen Abschnitt.
— Krüger, H. A. Pseudoromantik. Friedrich Kind und der Dresdener Liederkreis s. den vorigen Abschnitt.

Wolf, Hugo.
Batka, Rich. Penthesilea. Erläutert. Leipzig, Lauterbach & Kuhn. — 8°. 15 S. ℳ 0,10.
— Decsey, Ernst.* Hugo Wolf. 1. Bd. Hugo Wolfs Leben. 1860—1887. 1. u. 2. Aufl. Leipzig und Berlin, Schuster & Loeffler. — gr. 8°. VII, 170 S. mit Abbildungen, Faksms. u. 1 Notenbeilage. ℳ 3.
— Haberlandt, Mich.* Hugo Wolf. Erinnerungen und Gedanken. Leipzig, Lauterbach & Kuhn. — 8°. 68 S. mit 9 Abbildungen und 2 Faksimiles. ℳ 2.
— Haberlandt, M.* Hugo Wolfs Briefe an Hugo Faisst. Im Auftrage des Hugo Wolf-Vereines in Wien herausgegeben. Stuttgart (1904), Deutsche Verlagsanstalt. — gr. 8°. 204 S. mit Portr. ℳ 3,50.
— Sternfeld, Richard. Zum Gedächtnis eines Meisters des deutschen Liedes. [In: Deutsche Revue, Juliheft.]

Allgemeine Musiklehre.

Akustik. Elementar-, Harmonie-, Kompositions- und Formenlehre. Über Dirigieren, Vortragslehre, Stil in der Musik.

Ahmad, H. Mysteries of sound and number. London, Nichols & Co. — 8°. 226 p. 21 s.

Amory, A. H. Iets over Muziekonderwijs. 2de druk. Arnhem, Joh. C. M. van Mastrigt. — 8°. 25 c.

Angell, Ja. Rowland. A preliminary study of the significance of partial tones in the localization of sound. (University of Chicago Decennial publications printed from v. 3.) Chicago (1902), University of Chicago Press. — 4°. 11 p. 25 c.

Battke, Max. Elementarlehre der Musik (Rhythmus, Melodie, Harmonie) mit 462 Beispielen zum Diktat. Für den Gebrauch in Konservatorien, Schulen, Chören und zum Privatunterricht. 2. neu bearb. Aufl. Ausgabe für Lehrer u. Musikstudierende. Berlin, A. Stahl. — gr. 8°. VIII, 86 S. und XXX Tafeln Notenbeispiele. ℳ 3. — Dasselbe. Ausgabe für Schüler und Ausländer. Ebenda. — gr. 8°. VI, 26 S. und XXX Tafeln Notenbeispielen. ℳ 1.

Bergenson, Aron. Musiklära. Stockholm, G. A. Lundquists Förlag. — 8°. 95 S. Kr. 1,50.

Bevern, W. Cusack's Tonic Sol-fa questions and how to answer them. London, City of London Book Depot. — 8°. 1 s.

Biernacki, M. Grundsätze der Musik. [Russischer Text.] Moskau, P. Jurgenson. — 1 R. 50 K.

Blochmann, Rich. Herm. Mechanik und Akustik, gemeinfaßlich dargestellt. Leipzig (1902), C. E. Poeschel. XXIII, 249 S. Mit 87 Abbildungen. ℳ 3,80.

Bottazzo, Luigi. Sul vero significato di due termini musicali. [In: Atti e memorie della r. accademia di scienze, lettere ed arti di Padova. Nuova serie, vol. XVIII, disp. 2 a 4.] Padova, tip. G. B. Randi.—8°.

Bouman, Léon C. en J. H. Letzer. Algemeene Muziekleer. Vrij naar Dr. H. Riemann. s'Hertogenbosch, T. H. Ijtsma. — fr. 2,25.

[Als Supplement hierzu wird gratis abgegeben: Over de gelijk zwevende temperatuur. Ebenda.]

Brell, Heinrich. Über die Anwendung des Princips des kleinsten Zwanges auf die Schwingungen einer Saite. [Aus: „Sitzungsber. d. k. Akad. d. Wiss.] Wien (1902), C. Gerold's Sohn in Komm. — gr. 8°. 8 S. ℳ 0,20.

Brons, S. De Leer van den Muzikalen vorm. Amsterdam, bij de erven H. van Munster & Zoon. f. 1,90.

Bussler, Ludwig. Praktische Harmonielehre in 54 Aufgaben mit zahlreichen in den Text gedruckten Muster-, Übungs- und Erläuterungs-Beispielen, sowie Anführungen aus den Meisterwerken der Tonkunst, für den Unterricht an öffentlichen Lehranstalten, den Privat- und Selbstunterricht systematisch-methodisch dargestellt. 5. verb. Aufl., rev. und mit erläut. Anmerkungen versehen von Hugo Leichtentritt. Berlin, C. Habel. — gr. 8°. XV, 236 S. ℳ 4.

Butler, F. C. Teachers' handbook of a practical presentation of public school music. Vol. I. Garner, Ja., F. C. Butler. — 16°. 20 p. 25 c.

Cady, Calvin Brainerd. *Teacher's material.* Vol. II, of the series entitled, "Music-Education - an Outline," by the same author. Chicago, Clayton F. Summy Co. — gr. 8°. 145 p. $ 1,50.
[Vol. I erschien 1902.]

Capellen, Georg. Die „musikalische" Akustik als Grundlage der Harmonik u. Melodik. Mit experimentellen Nachweisen am Klavier. [Sammlung musikwissenschaftlicher Abhandlungen. No. 3.] Leipzig, C. F. Kahnt Nachf. — gr. 8°. V, 140 S. ℳ 2.

Carpe, Adolph.° Der Rhythmus. Sein Wesen in der Kunst und seine Bedeutung im musikalischen Vortrage. Leipzig, Gebrüder Reinecke. — gr. 8°. III, 183 S.
[Nicht Carpé, wie sich der Autor auch sonst schreibt.]

Catchpool, E. Tutorial physics. Vol. 1. A text-book of sound. 4th ed. London, Clive. — 8°. 224 p. with num. diagrams and examples. 3 s. 6 d.

Codazzi, Edgardo e Guglielmo Andreoli. Manuale di armonia. Seconda ediz. corredata da 875 esempi musicali, da 350 esercizi pratici e da una bibliografia. Milano, Cogliati. — 8°. XXXI, 587 p. L. 5.

Croger, T. R. Notes on conductors and conducting. 2nd ed. rev. London, W. Reeves. — 8°. 1 s.

Dolph-Heckel, J. 300 Fragen (mit Antworten) aus der Musiklehre. Wien, Verlag der Fünfhauser Musikschule. ℳ 1,50.

Ende, H. vom. Handbuch für Musik- und Gesangvereine und Dirigenten. Köln, H. vom Ende. — gr. 4°. III, 157 S. mit eingedruckten Bildnissen u. 8 S. Musikbeilagen geb. ℳ 4.

Ergo, Emil. Elementair-muziekleer in overeenstemming gebracht met den wetenschappelijken vooruitgang der toonkunst. Arnhem, Joh. C. M. van Mastrigt. Antwerpen, De Nederlandsche Boekhandel. — 8°. 8+253 en 2 S. mit 1 tab. f. 2.

Famintzin, A. Anfänge der Musiktheorie. 2. rev. Aufl. [Russischer Text.] Moskau, P. Jurgenson. — 85 K.

Gardiner, A. Rudiments of the theory of music. London, J. Heywood. — 8°. 1 s.

Handke, Rob. Musikalische Stillehre für Lehrerseminare und kirchenmusikalische Anstalten. Ein Handbuch für Lehrer und Schüler. 1. Heft. Meißen (1904), H. W. Schlimpert. — gr. 8°. IV, 64 S. ℳ 1.
[Das Werk ist auf 3—4 Hefte berechnet.]

Heinze, Leopold. Theoretisch-praktische Musik- und Harmonielehre nach pädagog. Grundsätzen. Für österreichische Lehrerbildungsanstalten, Musikschulen etc. eingerichtet v. Frz. Krenn. I. Teil.: Musik- und Harmonielehre. 8. Aufl. Bearbeitet von Hans Wagner. Breslau, II. Handel. — gr. 8°. VIII, 184 S. ℳ 1,80.

Hennig, C. R. Der musiktheoretische Unterricht. A. Musiktheoretisches Hilfsbuch für den elementaren theoretischen Unterricht. B. Musiktheoretischer Leitfaden für den theoretischen Unterricht fortgeschrittener Schüler. Leipzig, C. Merseburger. — 8°. 140 S. ℳ 1,60.
[Der unter A genannte Teil erschien auch einzeln. Ebenda. — 8°. 32 S. ℳ 0,40.]

Hennig, C. R. Einführung in den Beruf des Klavierlehrers. Besondere Musiklehre: Instrumente.

Hipkins, A. J. Dorian and Phrygian reconsidered from a Non-harmonic point of view. London, Novello. — 8°. 16 p.
[Abgedruckt in den Sammelbänden der internationalen Musikgesellschaft IV, S. 371 ff.]

Hövker, Rob. Fis-Ges? Eine gemeinverständliche Abhandlung über die für die musikalische Praxis in Betracht kommenden Unterschiede gleichnamiger und enharmonischer Töne. Cöthen, O. Schulze. — gr. 8°. VIII, 56 S. ℳ 1,50.

Jadassohn, S. Lehrbuch der Harmonie. 7. Aufl. Leipzig, Breitkopf & Härtel. — 8°. XIV, 290 S. ℳ 4.

Jadassohn, S. Lehrbuch des einfachen, doppelten, drei- und vierfachen Kontrapunkts. 4. Aufl. Leipzig, Breitkopf & Härtel. — gr. 8°. VIII, 131 S. ℳ 3.

Jaon, Paul. Praktische Harmonielehre. I. Lehrbuch. II. Aufgabenbuch. Berlin, Schlesinger. — ℳ 4.

Kalähne, Alfred. Schallgeschwindigkeit und Verhältnis der spezifischen Wärmen der Luft bei hoher Temperatur. Habilitationsschrift. [In: Annalen der Physik No. 6.] Leipzig, J. A. Barth.

Kaulg, Horst v. Notenlehrmittel „Blitzleser" zur leichten Erlernung schnellen Notenlesens, eine Vorbedingung erfolgreicher Fortschritte beim Unterricht in der Musik. Berlin, Selbstverlag. — qu. 8°. Geb. ℳ 1,70.

Kistler, Cyrill. Op. 44. Harmonielehre für Lehrende, Lernende und zum wirklichen Selbstunterrichte. 2., sehr verm. Aufl. Heilbronn, Schmidt. — gr. 8°. ℳ 6.

Knorr, Iwan. Aufgaben für den Unterricht in der Harmonielehre. Für die Schüler des Dr. Hochschen Konservatoriums in Frankfurt a. M. zusammengestellt. Leipzig, Breitkopf & Härtel. — gr. 8°. 78 S. ℳ 1,50.

Krause, Frau Dr. Rhythmische Übungen unter Anwendung der verkörperten Noten als Anschauungsmittel für den Gesang- und Klavierunterricht. System K. Leipzig, Breitkopf & Härtel. — gr. 8°. 52 S. ℳ 1,20.

Krehl, Steph. Musikalische Formenlehre (Kompositionslehre). 2. Teil: Die angewandte Formenlehre. (Sammlung Göschen, 150.) Leipzig, Göschen. — 12°. 134 S. Geb. ℳ 0,80.

Leerplan, Algemeen. Deel I. Aanvankelijke muziekleer. Tweede druk. Gent, J. Vuylsteke; Antwerpen, J. Boucherij et G. Faes. — kl. 8°. 32 p. fr. 0,30.
[Uitgave van het Koninklijk vlaamsch Conservatorium van Antwerpen. Bestuur J. Blockx.]

Letzer, J. H. en Leon C. Bouman. Practische muziekopgaven met voorbereidende schrijfoefeningen, ten dienste van normaal-, kweek- en muziekscholen. 3e herz. druk. Schoonh., S. & W. N. van Nooten. — gr. 8°. 88 p. m. muziek. f. 0,60.

Loewengard, Max. Aufgaben zur Harmonielehre. Berlin, M. Stahl. — 8°. ℳ 1.

Lussy, Mathis. L'anacrouse dans la musique moderne. [Grammaire de l'exécution musicale.] Paris, Hengel & Cie. — gr. 8°. XI, 86 p. fr. 3,50.

Malherbé, Joannès. Traité des artifices mélodiques appliqués à l'harmonie. Avec une lettre-préface de Paul Vidal. Paris, Leduc. — fr. 4.

Martini, Hugo. Notenlose-Schule zur schnellen und sicheren Erlernung der Noten im Violin- u. Baßschlüssel. Leipzig, Reichenbach. — qu. schmal Fol. 11 S. ℳ 0,50.

Marx, Adolf Bernh. Die Lehre von der musikalischen Komposition, praktisch theoretisch. Neu bearb. v. Hugo Riemann. 1. Teil. 10. Aufl. Leipzig, Breitkopf & Härtel. — gr. 8°. XII, 632 S. ℳ 9.

McLaughlin, Ja. M., Veazie G: A., and W. W. Gilchrist. New first music reader. (Educational music course.) Boston, Ginn. — 12°. 5 + 122 p. 30 c.

Meyer, Max. Contributions to a psychological theory of music. Columbia, Mo., University of Missouri, 1901. (University of Missouri studies; ed. by Frank Thilly, v. 1, no. 1.) — 8°. 6 + 60 p. 75 c.

Mineo, Enrico. La teoria elementare della musica. Modica, G. Maltese. — 4°. 24 p.

Monis, J. J. Méthode musicale commatique. Transposition instantanée. Châlon-sur-Saône.
[Erwähnt in der Revue musicale 1903 S. 605; ohne Angabe des Verlegers.]

Musmeci, Don Zaccaria. Nozioni di musica. Arcireale, tip. editr. XX Secolo.

Paillard-Fernel, G. Des sources naturelles de la musique s. vorigen Jahrgang S. 122.

Pearce, Ch. W. Rudiments of musical knowledge. London, Vincent Music Co. — 16°. 68 p. 1 s.

Pembaur, Jos. Beispiele und Aufgaben zur Harmonie- und Melodielehre. Leipzig, H. Seemann Nachf. — gr. 4°. 33 S. ℳ 2.

Prout, Ebenezer. Harmony: Its theory and practice. 16th edition. Revised and largely rewritten. London, Augener and Co. — 8°. 5 s.

Reger, Max. Beiträge zur Modulationslehre. Leipzig, C. F. Kahnt Nachf. — kl. 8°. 54 S. Geb. ℳ 1.
[Erschien auch in folgenden Übersetzungen: Französisch von M.-D. Calvocoressi. Englisch von John Bernhoff]

Richter, Alfred. Aufgabenbuch zu Ernst Friedr. Richter's Harmonielehre. 18. Aufl. Leipzig, Breitkopf & Härtel. — gr. 8°. ℳ 1.

Richter, E. Fr. Leerboek der Harmonie ... Met kantteekeningen voorzien door Alfred Richter. Vrij bewerkt volgens de 19 de Duitsche uitgaaf door Jacques Hartog. Tweede Uitgaaf. Leipzig, Breitkopf & Härtel. — 8°. XIV, 248 S. ℳ 5.

Richter, E. F. Lehrbuch des einfachen und doppelten Kontrapunkts ...... Ins Russische übersetzt von A. Faminzin. 3. verm. (nach der 7. deutschen) Aufl. Moskau, P. Jurgenson. — 2 R.

Riemann, Hugo. System der musikalischen Rhythmik und Metrik. Leipzig, Breitkopf & Härtel. — gr. 8°. XII, 316 S. mit zahlreichen Notenbeispielen. ℳ 7,50.

Riemann, Hugo. Anleitung zum Generalbaß-Spielen (Harmonie-Übungen am Klavier). 2. verm. u. verb. Aufl. [Max Hesse's illustrierte Katechismen. 10. Bd.] Leipzig, M. Hesse. — 8°. XVI, 161 S. ℳ 1,50.

Ripley, F. H., and T. Tapper. New music reader, no. 1. (Natural music course.) New York, Amer. Book Co. — 12°. 128 p. 30 c.

Ripley, F. H., and T. Tapper. Harmonic second reader. (Natural music course.) New York, Amer. Book Co. — 8°. 144 p. 35 c. Dasselbe: third reader. Ebenda. — 12°. 160 p. 40 c. Dasselbe: fourth reader. Ebenda. — 12°. 160 p. 40 c.

Rischbieter, Wilh. Erläuterungen und Beispiele für Harmonieschüler. Berlin, Ries & Erler. — gr. 8°. III, 72 S. ℳ 1,50.

Röhrke, Karl. Musik im Allgemeinen. Anhang zu „Tonbildung und Aussprache". Berlin, (Schimmel). — 8°. ℳ 0,50.

Romette, Jules. Guide de l'harmoniste. 2 vols. Bollène-la-Croisière (Vaucluse), Selbstverlag. — 8°. fr. 8.

Ruscheweyh, E. Handbuch für den Musikunterricht. Pforzheim, O. Riecker. — 8°. 84 S. ℳ 1.

Sacher, Hans. Unsere Tonschrift. Kurzer Rückblick auf deren Werdegang, sowie auf die Vorschläge zu deren Verbesserung, ferner ein neuer Vorschlag für Tonbenennung und Notenschrift. Wien, A. Pichler's Wwe. & Sohn. — gr. 8°. III, 64 S. u. 4 Bl. in qu. gr. 4°. ℳ 1,20.

Sebenker, Heinrich. Ein Beitrag zur Ornamentik. Als Einführung zu Philipp Emanuel Bach's Klavierwerken, umfassend auch die Ornamentik Haydns, Mozarts und Beethovens etc. Wien, Universal-Edition. Leipzig, H. Seemann Nachf. In Komm. — Lex. 8°. 43 S. ·. ℳ 1,50.

Schmidt, Nikolaus. Die empfindliche Flamme als Hilfsmittel zur Bestimmung der Schwingungszahl hoher Töne. [Dissertation.] München (1902), Druck v. W. Krouer. — gr. 8°. 42 S.

Schneider, A. Die Lehre der Musik (!) u. Harmonie übertragen auf das praktische Gebiet. Ein Hand- und Studienbuch für Kunstfreunde, Musiker, Saiten- u. Instrumenten-Fabrikanten. Dresden, (E. Weise). — gr. 8°. 116 S. mit 23 Abbildungen und Bildnis. ℳ 5.

Schneider, A. Die Lehre der Akustik (!) u. Harmonie übertragen auf das praktische Gebiet. Ein Hand- und Studienbuch für Kunstfreunde, Musiker, Saiten- und Instrumenten-Fabrikanten. 2. verm. u. verb. Aufl. Dresden, (R. Petzold). — gr. 8°. 166 S. mit 27 Abbildungen u. Bildnis. ℳ 10.

Schreyer, Joh. Von Bach bis Wagner. Beiträge zur Psychologie des Musikhörens. Mit ausführl. Analysen vollständ. Kompositionen sowie einzelner schwier. Stellen aus den Werken von Bach, Händel, Mozart, Beethoven, Mendelssohn, Chopin, Liszt u. Wagner, nebst einem Anhange, enth. 37 S. Notenbeilagen (in qu. schmal Fol.). Dresden, Holze & Pahl. — gr. 8°. IV, 86 S. ℳ 4.

Schubert, F. L. Vorschule z. Komponieren, zugleich für Dilettanten fasslich erläutert. 6. Auflage. Leipzig, C. Merseburger. — 12°. VIII, 120 S. ℳ 0,60.

Sokolowsky, N. Praktisches Übungsbuch zur Harmonielehre. (Russischer Text.) Moskau, P. Jurgenson. — 60 K.

Somervell, Arthur. A chart of the rules of counterpoint with exercises. For students. Oxford, University Press. — 4°, printed on thick card. 1 s.
[Die Oxford Univ. Press (Amer. Branch) in New York kündigte dasselbe Werk zum Preise von 30 c. an.]

Sykes, T. P., Myers (Lydia). Teacher's manual of infants' school music. 3 parts. London, Simpkin. — 8°. Part 1 & 2. 1 s., part 3. 1 s. 3 d.

Sykes, T. P. Music charts. Containing exercises from manuals of music on roller. Set 1 and set 3. London, Simpkin. 6 s. resp. 14 s.

Sykes, T. P. Teacher's manual of school music: a year's course methodically and practically treated, incl. simple lessons on staff notation. Book 3. London, Simpkin. — 8°. 140 p. 2 s. 6 d.

Tapper, T. s. Ripley F. H. and T. Tapper.

Vaillant, Henry. L'enseignement de la musique dans l'éducation de la jeunesse, à l'usage du pianiste amateur. Paris, Fischbacher. — 8°.

Woollett, H. Petit traité de prosodie à l'usage des compositeurs. Le Havre, Hurstel. Mit zahlreichen Notenbeispielen.

Zuchtmann, F. Teacher's manual; the American music system. New York (1902), Richardson, Smith & Co. — 12°. 113 p. geb. 75 c.

Besondere Musiklehre: Gesang.

Kirchengesang, Kunst- und Schulgesang, Gehörbildung.
(Praktische Schul- und Übungswerke ausgenommen.)

Amelis, Pietro Maria de. Il cerimoniale completo per le chiese parrocchiali collegiate e cattedrali, esposto secondo i più recenti decreti della s. congregazione dei riti. 3 vol. Roma, Casa edit. „La vera Roma". — 8°. L. 12.

Analecta hymnica medii aevi. Herausgeg. v. Clemens Blume u. Guido M. Dreves. XLI—XLIII. Leipzig, O. R. Reisland. — gr. 8°. XLI.—a. Christanus Campoliensis. Christans v. Lilienfeld. Hymnen,

Officien, Sequenzen u. Reimgebete, hrsg. von Guido M. Dreves. — b. Boncore de Sancta Victoria. Boncore's di Santa Vittoria novus liber hymnorum ac orationum. Nach einer Handschrift des Kapitel-Archivs von St. Peter in Rom herausgegeben v. Guido M. Dreves, S. J. — 271 S. ℳ 8,50. XLII. Sequentiae ineditae. Liturgische Prosen des Mittelalters aus Handschriften u. Frühdrucken. 8. Folge, herausgeg. von Clem. Blume. — 332 S. ℳ 10,50. XLIII. Hymni inediti. Liturg. Hymnen des Mittelalters. 7. Folge. Aus Handschriften und Frühdrucken herausgeg. von G. M. Dreves. — 324 S. ℳ 10.

Armin, George.* Gesammelte Aufsätze über Stimmbildung, Gesangskritik etc. siehe Biographien u. Monographien in Samml.

Aubry, Pierre. Essais de musicologie comparée. Le rythme tonique dans la poésie liturgique et dans le chant des églises chrétiennes au moyen âge siehe Geschichte der Musik.

Baldeschi, Il nuovo, ossia esposizione delle sacre ceremonie della messa privata e cantata e dei vespri solenni, della messa e vespri pontificali e delle altre funzioni dell'anno, anche per le chiese di campagna. 2 vol. Roma, Desclée, Lefebvre e C. — 16°. L. 3,25.

Baratta, Carlo M. Musica liturgica e musica religiosa. Parma, scuola tip. Salesiana. — 8°. 26 p. L. 0,50.

Les Bénédictines de Solesmes. Chant grégorien; paroissien romain contenant la messe et l'office pour tous les dimanches et fêtes doubles. Tournai, Desclée. — 1238 p.

Bernard, Th. Leçons élémentaires de liturgie à l'usage des séminaires. (Prolégomènes; Bréviaire; Missel; Rituel.) Paris (1904), Berche et Tralin. — kl. 8°. X, 728 p.

Birkle, Suitbertus. Katechismus d. Choralgesanges. Graz, Styria. — 8°. XII, 171 S. ℳ 1,80.

Bona (Cardinal). Holy sacrifice of the mass. Ed. by J. Cummins, London, Art & Book Co. — 16°. 60 p. 1 s.

Il Breviario Grimani della biblioteca (!) di S. Marco in Venezia. Riproduzione fotografica completa publicata (!) da Scato de Vries. Prefazione del dr. Sal. Morpurgo. Liv. 1. Leida, A. W. Sijthoff.
[Das Werk erscheint (auch in franzö. und deutscher Sprache) in 12 Lieferungen zu je f. 120, und soll bis zum Jahre 1908, spätestens aber 1910 vollendet sein.]

Brownlie, John. Holy eastern church hymns, s. voriges Jahrbuch S. 125.

Busch, Rich. Das evangelische Kirchenlied, seine Geschichte und methodische Behandlung. Berlin, L. Oehmigke's Verlag. — gr. 8°. VIII, 174 S. ℳ 2,40.

Clarkson, J. Practical guide to articulation for singing or speaking. London, Heywood. — 8°. 40 p. geb. 1 s.

Clericus, P. Wie erhalten wir unsern Kindern die schönen Stimmen? Halensee bei Berlin, Grunewald-Buchhandlung.

Compendium gradualis et missalis Romani concinnatum ex editionibus typicis cura et auctoritate sacrorum rituum congregationis publicatis. Ed. IV. ster. Regensburg (1904), Pustet. — 8°. XII, 428, 138, 48, 54 und 4 S. ℳ 3.

Decoppet, A. Service liturgique pour le jour des morts. (Livre du fidèle.) Nancy-Paris, Berger-Levrault et Ce. — 16°. 32 p. avec musique. — Dasselbe. (Livre du pasteur.) Ebenda. — 8°. 40 p.

Dercks, E.* Kirchenchor und Dirigent. Vortrag gehalten auf der Jahresversamml. des evangelischen Kirchenmusikvereins in Schlesien zu Breslau, am 6. Oktober 1903. Oels, A. Ludwig.

Dieterich, Albr. Eine Mithrasliturgie. Erläutert. Leipzig, B. G. Teubner. — gr. 8°. X, 230 S. ℳ 6.

Erker, Jos. Missae de requie juxta rubricas a Leone papa XIII reformatas et decretes s. rituum congregationis novissima, accedit appendix de missis in altari privilegiato. Tractatus liturgicus in usum cleri concinnatus. Laibach, Kathol. Buchh. in Komm. — gr. 8°. III, 92 S. ℳ 1.

Ermini, Filippo. Il Dies irae e l'innologia ascetica nel secolo decimoterzo, siehe Biographien u. Monographien in Sammlungen.

Fisch, A. Le chant dans l'église. Paris, Fischbacher. — kl. 8°. 18 p.

Flannagan, J. Man's quest in sermon and song. London, Stockwell. — 8°. 3 s. 6 d.

Flatau, Theodor S. Intonationsstörungen u. Stimmverlust. Beiträge zur Lehre von den Stimmstörungen der Sänger. [Aus „Wiener klin. Rundschau".] 3. Auflage. Berlin, A. Stahl. — gr. 8°. 10 S. ℳ 0,40.

Flatau, Theodor S. Das habituelle Tremoliren der Singstimme. Neue Beiträge zur Lehre von den Stimmstörungen der Sänger. [Aus „Wiener klin. Rundschau".] 2. Aufl. Ebenda. — gr. 8°. 15 S. ℳ 0,40.

Fleming, G. T. A treatise on the training of boy's voices; with examples and exercises and chapters on choirorganization. Compiled for the use of choirmasters. London, W. Reeves. — 8°. 94 p. 2 s.

Friedrichs, Karl. Der deutsche Männergesang in Theorie u. Praxis. Ein Vademecum für Dirigenten, Sänger und Freunde des deutschen Männergesangwesens, zugleich eine populäre Gesanglehre für Deutschlands Sänger nebst Winken für Chordirektion. Leipzig, C. Merseburger. — 12°. 89 S. ℳ 0,90.

Germaine, St. The growth and cultivation of the voice in singing. 10th edition. London, J. B. Cramer and Co. — kl. 8°. 60 p. 1 s.

Guslade, (?). Theoretisch-praktische Anleitung zur Erteilung des Gesangunterrichts in Volkschulen und höheren Lehranstalten nach den Grundsätzen der Kunsterziehung, sowie unter Berücksichtigung der Forderungen des im Auftrage des Ministers bearb. Lehrplans für Berliner Gemeindeschulen. Berlin, L. Oehmigke's Verlag. — gr. 8°. 176 S. ℳ 3.

Haberl, F. X. Geschichte und Wert der offiziellen Choralbücher s. Geschichte der Musik.

Hartmann, J. J. Anleitung zur Erteilung eines methodisch-praktischen Gesangunterrichtes an Sekundar- und Mittelschulen. Basel, Helbing & Lichtenhahn. — 8°. 28 S. ℳ 0,30.

Hecht, Gust. Der Gesangunterricht in der ein- und dreiklassigen Volksschule. Eine praktische Anweisung in der Methode desselben für Seminaristen und Lehrer. 3. verb. Aufl. Berlin-Groß-Lichterfelde, Ch. F. Vieweg. — gr. 8°. VIII, 95 S. ℳ 1,20.

Herdt, J. B. de. Sacrae liturgiae praxis juxta ritum romanum in missae celebratione officii recitatione et sacramentorum administratione servanda. Tom. I. Editio decima. Louvain (1902), J. van Linthout. — 8°. XVI, 464 p. fr. 2,75. — Dasselbe. Tom. II. Louvain (1903), Ebenda. — 8°. 502 p. fr. 2,67.
[Das ganze Werk wird 3 Bände umfassen.]

Herrmann, Heinrich. Die Bildung der Stimme. Berlin, Schuster & Loeffler. — gr. 8°. 161 S. mit Fig. ℳ 6.

Iffert, August. Allgemeine Gesangschule. A. Theoretischer Teil. 4. verb. Aufl. Leipzig, Breitkopf & Härtel. — hoch 4°. XI, 141 S. ℳ 5.

Kirsten, Paul. Die automatische Stimmbildung als Grundlage eines rationellen Gesangunterrichts. Leipzig, Dürr'sche Buchh. — gr. 8°. 42 S. ℳ 0,60.

Kofler, Leo. Die Kunst des Atmens als Grundlage der Tonerzeugung für Sänger, Schauspieler, Redner, Lehrer, Prediger etc., sowie zur Verhütung und Bekämpfung aller durch mangelhafte Atmung entstandenen Krankheiten. Aus dem Engl. übers. v. Clara Schlaffhorst und Hedwig Andersen. — 4. Aufl. Leipzig, Breitkopf & Härtel. — gr. 8°. X, 93 S. mit 10 Abbildungen. ℳ 2.

Kofler, L. Art of breathing as the basis of tone production: book indispensable to singers, elocutionists.... London, Curwen. — 8°. 288 p. 4 s.

Kothe, Bernhard. Vademecum für Gesanglehrer. Eine Zusammenstellung des Theoretischen und Methodischen in Bezug auf Gesang und Gesangunterricht. 4. Aufl. Breslau, Goerlich. — 8°. ℳ 1,20.

Kothe, Bernhard. Gesanglehre für höhere und mittlere Lehranstalten. 18. Auflage. Ebenda. — 8°. ℳ 0,80.

Krasnski, F. Über den Ambitus der gregorianischen Meßgesänge. [I. Heft der Veröffentlichungen der gregorianischen Akademie zu Freiburg (Schweiz), herausg. von P. Wagner.] Freiburg (Schweiz), Buchdruckerei des Werkes vom hl. Paulus. — 8°. VII, 132 S. u. mehrere Tabellen.

Kyriale, ou les chants ordinaires de la messe, en notation moderne. Tournai, Desclée, Lefebvre.

Lehmann, Lilli. How to Sing. Transl. from German by Richard Aldrich. London, Macmillan. — 8°. 292 p. 6 s.
[cf. vorigen Jahrgang S. 127.]

Liber usualis missae et officii pro dominicis et festis duplicibus: notazione gregoriana. Roma, Desclée, Lefebvre e C. — 16°. 1300 p. L. 5.

The English Liturgy. From book of common prayer. Additional collects, epistles and gospels. London, Rivingtons. — 4°. 42 s.

Manuale missæ et officiorum ex libris Solesmensibus excerptum. Tournai (1902), Desclée, Lefebvre et Cie. — 12°. XXII + 9 + 316 p. fr. 1,50.

Manuale missæ et officiorum estratto dal Liber usualis e dalle Varie preces di Solesmes. Rubriche e spiegazioni in latino: notazione moderna. Roma, Desclée, Lefebvre e C. — L. 2,50.

Marchesi, Salvatore. A vademecum for singing-teachers and pupils. New York, G. Schirmer. — 50 p.

Messe, La salute. Commentaire des prières et des cérémonies de la messe basse; par l'auteur de „la Dévotion au Sacré Cœur de Jésus étudiée en son image". Paris, Retaux. — 18°. 237 p.

Missae in præcipuis festis. Appendix missæ et officiorum Solesmensis manualis. Tournai (1902), Desclée, Lefebvre et Cie. — 12°. 39 p. fr. 0,35.
(Ebenda auch in franz. Übersetzung erschienen.)

Missae pontificales in festis solemnioribus ad usum episcoporum ac praelatorum excerptae ex missali romano. In Rot- und Schwarzdruck. Regensburg, Pustet. — Fol. III, 167 S. mit 1 Farbdruck. ℳ 20.

Missale ambrosianum ex decreto Pii IX. P. M. restitutum, jussu SS. D. N. Leonis PP. XIII. recognitum, Andreæ Caroli cardinalis Ferrari archiepiscopi auctoritate editum. Milano, tip. s. Giuseppe. — 4°. XXVII, XXXI, (615) p.

Missale romanum ex decreto sacrosancti concilii Tridentini restitutum S. Pii V. pontificis maximi jussu editum, Clementis VIII., Urbani VIII. et Leonis XIII. auctoritate recognitum. (Ausgabe in Rot- u. Schwarzdruck.) Ed. III. post alteram typicam. Regensburg, F. Pustet. — 8°. CVIII, 712 u. 296 S. mit Abbildungen. ℳ 4,80.

Mitterer, Ignaz. Ecclesiastical precepts in reference to catholic church music, for the guidance of choirmasters and organists. London (1902), Catholic Truth Society. — 16°. 71 p.

Molitor, Raf. Eine werte Geschichte. Erinnerungsvolle Gedanken über „Geschichte und Wert der offiziellen Choralbücher" s. Geschichte der Musik.

Morvilli, G. Il canto nelle scuole: pedagogia, estetica, igiene: monografia. Campobasso, tip. De Gaglia e Nebbia. — 8°. 21 p.

Neidlinger, W. Harold. A primer on voice and singing; il. by W. Bobbett. Chicago, Rand, McNally & Co. — 12°. 70 p. 25 c.

Neuert, Fritz. Des Sängers Berater. Eine leicht fassliche Darstellung des Wichtigsten aus der allgemeinen Musik- und Gesanglehre für jeden Chorsänger und solche, die es werden wollen. 2. Aufl. Pforzheim, Neumann. — 8°. ℳ 0,40.

Nodnagel, E. O. Stimmbildung u. Staat. Entwurf einer Tonbildungstheorie nach psychol. u. psychofysiologischen Grundsätzen. Opus 39. Darmstadt, E. Roether in Komm. — gr. 8°. IV, 95 S. ℳ 1,80.

Oberländer, Heinrich. Übungen zum Erlernen einer dialektfreien Aussprache. 6. durchges. Aufl. Mit einem Anhang: „Übungen in der richtigen Anwendung der Tonfarben", „Regeln f. den Vortrag". München, Bassermann. — gr. 8°. ℳ 2,80.

Office de la semaine sainte. Édition nouvelle contenant l'ordinaire de la messe, la messe et l'office depuis le dimanche des Rameaux jusqu'après les fêtes de Pâques. Malines, H. Dessain. — 24°. 142 p. fr. 0,75.

Office et messes de la nativité de N.-S. J.-C. selon le missel et le bréviaire romain. Chant grégorien. Tournai (1902), Desclée, Lefebvre et Cie. — 12°. 47 p. fr. 0,75.

Officium et missae Nativitatis D. N. I. C. juxta missale et breviarium romanum cantus gregorianus. Tournai (1902), Desclée, Lefebvre et Cie. — 12°. 47 p. fr. 0,50.

Officium majoris hebdomadae a dominica in palmis usque ad sabbatum in albis juxta ordinem breviarii, missalis et pontificalis romani cum cantu ex editionibus authenticis, quas curavit sacrorum rituum congregatio. (Neue Ausg. 1902 in Schwarzdruck.) Regensburg, F. Pustet. — gr. 8°. (452 S.) ℳ 2,40. — Dass. Regensburg (1904), Ebenda. — gr. 8°. 490 S. ℳ 2,70.

Panecke, Otto. Ein tönender Apparat, wodurch im Gesangunterricht auf anschaulicher Grundlage Notenkenntnis u. Sicherheit im Singen nach Noten zu erreichen ist. Magdeburg, Creutz. — gr. 8°. VI, 15 S. ℳ 0,40.

Poggi, Girolamo. Inni sacri. Firenze, tip. Spinelli e C. — 16°. 20 p.

Pothier, Dom J. Notice explicative sur l'exécution et l'écriture du chant grégorien. Paris, Poussielgue. 25 c.

Pothier, Dom J. Méthode avec exercices pour l'exécution du chant grégorien. — Ebenda.

Pruckner, Karoline. Über Ton- u. Wortbildung in Fragen und Antworten zum Selbstunterricht. 2. verbesserte Auflage. Breslau (1904), J. Hainauer. — gr. 8°. 32 S. ℳ 1.

Raffaelli, Cherubino. Il canto fermo ed i suoi pretesi riformatori, a. Geschichte der Musik.

Ravegnani, Ettore. Metodo compilato di canto gregoriano. Vol. I. 2e ediz. Roma, Desclée, Lefebvre e C. — 8°. XII, 80 S. L. 1,30. — Vol. II. Graz (1902), Styria. — 8°. XIII, 140 S. L. 1,70.

Ricciardi, Riccardo. Per l'arte del canto. Maestri e cantanti. Napoli, tip. Melfi e Joele. — 8°. 10 p.

Rituale romanum, Pauli V. pontificis maximi jussu editum et a Benedicto XIV. auctum et castigatum. Lyon, imp. Vitte. — 18°. 622 p. avec plain-chant.

Rockwood, Caroline Washburn. Foundation steps of tone-production .... for speakers, readers and singers. Asheville, N. C. (1902). Hackney & Moale. — 8°. 4 + 64 p. $ 1,50.

Roeder, Karl. Vorschule zum Kunstgesang. Zum Gebrauch in Lehrer- u. Lehrerinnen-Bildungsanstalten, sowie auch beim Privatgesangunterricht. Arnsberg, J. Stahl. — qu. gr. 8°. 69 S. mit Abbildgn. geb. ℳ 2.

Röhrke, Karl. Tonbildung u. Aussprache. Berlin, (Schimmel). — 8°. ℳ 1.

Roothaan, Louis. Praktischer Wegweiser für Männer-Gesangvereine. Bühl, A. Oser (i. H. Konkordia.) — 12°. 20 S. ℳ 0,20.

Rüst, Seb. Der Schulgesang-Unterricht, Reformgedanken u. praktische Anleitung. St. Gallen (1902), Fehr. — gr. 8°. 65 S. ℳ 0,70.

Sauter, Abt Bened., O. S. B. Der liturgische Choral. Herausgegeben von seinen Mönchen. Freiburg i. B., Herder. — gr. 8°. VII, 86 S. ℳ 1.

Sauvé, Henri. Notions sur le matériel liturgique. Laval, Goupil. — 18°. III, 114 p.

Scharfenorth, Albert. Elemente einer Theorie und Technik des Kunstgesanges. Berlin, Jonasson-Eckermann. — Lex. 8°. 32 und 20 S. ℳ 3.

Schipke, Max. Die Technik des tonalen Treffens für Chordirigenten, Gesang- und Musiklehrer unter Berücksichtigung des Gesang-Unterrichts an öffentlichen Lehranstalten systemat.-methodisch dargestellt. Berlin, C. Habel. — gr. 8°. 63 S. ℳ 1,60.

Schulzweida, R. Wie soll ich singen? Gemeinnütziger Vortrag, gehalten allen Gesangstudierenden u. Sängern. 3. Aufl. [s. l.] Im Selbstverlag. ℳ 0,60.

Semeria, Giovanni barnabita. Gli inni della chiesa s. Geschichte der Musik.

Sentenac, A. et M. L'éducation morale
à l'école par le chant. Livre du maître.
(Cours moyen et cours supérieur.) Paris,
Nony et Ce. — 16°. 311 p. avec musique.
— Dasselbe. Livre de l'élève. (Cours
moyen et cours supérieur.) Ebenda. —
16°. 275 p. avec 50 morceaux de chant.
fr. 1,25.

Sieber, Ferd. Katechismus der Gesangskunst. [Weber's illustrierte Katechismen.
12.] Leipzig, J. J. Weber. — 12°. VII,
176 S. mit vielen in den Text gedruckten
Notenbeispielen. geb. ℳ 2,50.

Smith, Eleanor. The alternate third book
of vocal music. [New issue.] (Modern
music ser.) New York, Silver, Burdett
& Co. — 8°. 3 + 256 p. 54 c.

Smolian, Arthur. Vom Schwinden der
Gesangeskunst. Ein treugemeintes Mahnwort an Gesanglehrende u. Gesanglernende.
[Aus: „Neue musik. Presse".] Leipzig,
H. Seemann Nachf. — 12°. 32 S. ℳ 0,50.

Staley, V. Hierurgia Anglicana: Documents
and extracts illustrative of the ceremonial
of the anglican church after the reformation. Edited by members of the Ecclesiological (late Cambridge Camden)
Society, A. D. 1848. New ed. rev. and
considerably enlarged. 2 vols. London,
De La More Press. — 8°. 15 s.

Tanna, Rich. Schöne Stimme und Sprache
und wie sie zu erlangen. Eine praktische
Anleitung. 2. [Umschlag-] Aufl. Leipzig,
Modern-medizinischer Verlag. — gr. 8°.
VIII, 214 S. ℳ 4,50.

Thomas, E. Message set to music, and
other sermons. London, Simpkin. — 8°.
160 p. 2 s. 6 d.

Vellenga, G. Onze liturgie. Een dogmatische schets. Utrecht, Kemink & Zoon.
— gr. 8°. 28 p. f. 0,50.

Victorius ab Appeltern. Manuale liturgicum.... Tomus II, continens partem II
de rubricis breviarii romani. Malines
(1902), H. Dierickx-Beke fils. — 8°.
252 p. fr. 3.
[cf. Jahrbuch 1901, S. 113.]

Wadsack, A. Lehrgang eines humanerziehlichen Elementar-Schulgesang-Unterrichts. Kleine Ausgabe für die Hand der
Schüler. Leipzig, C. Merseburger. — 8°.
42 S. ℳ 0,30.

Wagenmann, J. H. Neue Ära der Stimmbildung für Singen und Sprechen. Berlin,
J. Räde. — gr. 8°. III, 32 S. ℳ 0,80.

Weber-Bell, Nana. Naturwissenschaft und
Stimmerziehung. Materialprinzipien für
Pädagogen und Sänger. Leipzig-R., Max
Schmitz. — gr. 8°. 30 S. ℳ 1.

Weiß, Gottfried. Sing- und Sprech-Gymnastik. Berlin, H. Paetel's Verlag.

Wickede, Friedrich von. Elemente der
natürlichen Tonbildung. Gemeinverständliche Abhandlung für Gesangbeflissene,
Gesanglehrer u. Sänger. Berlin, M. Aronhold. — gr. 8°. 39 S. ℳ 0,80.

Wieser, L. Die drei Töne c, d, e als
Wurzel des Tonal-Systems. Ein methodisch
geordnetes Handbuch beim Unterricht für
die Kleinen. Heft L. Wien, Kuhn & Kraus.
— gr. 8°. ℳ 1,25.

Wolff, C. A. Herm. Die Elemente des
deutschen Kunstgesanges. (Methodische
Unterrichtsbriefe der Rede- und Gesangskunst.) Atmung, Rhetorik, vokalische
(sprachliche) und phonische (gesangliche)
Tonbildung, Kehlfertigkeit und Vortrag.
Mit einer Abhandlung: Anatomie und
Physiologie der Stimmorgane. Von E. Fink.
Theoretischer Teil. Leipzig, H. Seemann
Nachf. — gr. 8°. IV, 351 S. Geb. ℳ 12.

Wolff, C. A. H. Kunstgesang. 7.—13. Lfg.
Leipzig, H. Seemann Nachf. — 8°. Je ℳ 0,50.
[cf. voriges Jahrbuch S. 129.]

Wolff, C. A. H. Elementar-Gesanglehre.
Handbuch für Sologesang, Männer- und
gemischte Gesangchöre. [Universal-Bibliothek No. 4426.] Leipzig, Ph. Reclam jun.
— gr. 16°. 120 S. ℳ 0,20.

Ypes-Speet, (Maria). Over spreken en
zingen. [Met nnschrift door N. Ypes.]
Amsterdam, C. L. Petersen. — gr. 8°.
52 S. f. 0,90.

Zanger, G. Der Gesangunterricht in der
Volksschule. Anweisung zur methodischen
Behandlung desselben für Seminaristen
und Lehrer. 2. umgearb. Aufl. Breslau,
M. Woywod. — gr. 8°. 164 S. Geb. ℳ 2,25.

Zanten, Cornelie van. Leitfaden zum Kunstgesang. Mit einer Beilage: Phonetisch-orthoepische Sprech- u. Leseübungen für Sänger und Redner, insbesondere für Konservatorien und andere Lehranstalten von C. van Zanten u. C. E. Poser. Leipzig, Breitkopf & Härtel. — 4°. II, 96 S. und II, 45 S. mit 1 Tafel. ℳ 5.

Zelle, Friedrich.* Das erste evangelische Choralbuch s. Geschichte der Musik.

Zimmermann, Ernst. Gesanglehre für deutsche Volks- und höhere Schulen, Seminarien, weltliche und kirchliche Gesangvereine. Schülerheft. 4. Aufl. Arnsberg (1902), J. Stahl. — gr. 8°. 16 S. mit 1 Tabelle und 1 Schema. ℳ 0,20.

Besondere Musiklehre: Instrumente.
Auch Instrumentenbau und Instrumentationslehre.
(Praktische Schul- und Übungswerke ausgeschlossen.)

Althans, Basil. Advice to pupils and teachers of the violin. [„The Strad Library No. XI."] London, The Strad office. — 8°. 166 p. 2 s. 6 d.

Andés, Louis Edgar. Die technischen Vollendungsarbeiten der Holzindustrie (das Schleifen, Beizen, Polieren, Lackieren, Anstreichen und Vergolden des Holzes). Nebst der Darstellung der hierzu verwendbaren Materialien in ihren Hauptgrundzügen. 4. vollständig umgearbeitete u. verbesserte Aufl. Wien, A. Hartlebens Verlag. — 8°. 222 S. mit 54 Abbildgn. ℳ 2,50.
[Wird in der „Deutschen Instrumentenbau-Zeitung" (Leipzig, Breitkopf & Härtel) S. 202. den Klavierbauern zur Anschaffung empfohlen.]

Aukermann, B. Die afrikanischen Musikinstrumente. [Leipziger Diss.] — 8°. XII, 132 S. mit 171 Abbildungen u. 3 Karten.

Arnold, Adolf. Kunst-Technik auf der Zither. Belehrende Aufsätze. Stuttgart, C. Grüninger. — gr. 8°. 31 S. mit 1 Tafel. ℳ 0,80.

Baehr, Rich. Wissenschaftlicher Nachweis über das Fehlen einer TenorViola di Gamba. Berechnung ihrer Größe, sowie derjenigen einer akustisch richt. Bratsche. Guben, (?).
[Vorlage bildete die Kritik des Werkes in der Allgemeinen Musik-Zeitung 1904, S. 27.]

Brée, Malwine. The groundwork of the Leschetisky method; issued with his approval . . . ., with forty-seven illustrative cuts of Leschetizky's hand; tr. form the German by Th. Baker. New York, G. Schirmer. — 4°. 5+98+21 p. geb. $ 2.
[cf. voriges Jahrbuch S. 130.]

Brunel, Louis. Le Piano, son accord, son entretien. Avignon, l'auteur, rue des Trois-Faucons. — kl. 16°. 15 p.

Buhle, Edward.* Die musikalischen Instrumente in den Miniaturen des frühen Mittelalters, s. Geschichte der Musik.

Dienel, O.* Die moderne Orgel, ihre Einrichtung, ihre Bedeutung für die Kirche und ihre Stellung zu Sebastian Bach's Orgelmusik. Neue [Titel-]Ausgabe. Berlin, Hannemann. — gr. 8°. VIII, 90 S. ℳ 1,50.

Drögemeyer, Herm. Aug. Die Geige. Mit eingeh. Belehrung über den internationalen unlautern Wettbewerb auf dem Gebiete des Geigenhaues u. Geigenhandels. 3. verbesserte und vermehrte Aufl. Berlin, M. Warschauer in Komm. — gr. 8°. VIII, 275 S. mit 1 Bildnis. ℳ 4.

Eccarius-Sieber, A. Handbuch der Violinunterrichtslehre. Anleitung zum Erteilen eines guten Violinunterrichts speziell für Seminaristen und junge Geiger, die sich mit dem Lehramte vertraut machen wollen. Berlin-Gr.-Lichterfelde, Ch. F. Vieweg. — 8°. IV, 90 S. mit 1 Tafel. ℳ 1,80.

Finnore, Robert. Traité de lutherie ancienne. La Lutherie (deuxième partie). Paris, imp. Jourdan, 22 rue de Bellefond. — 8°. 100 p. avec musique. fr. 10.

Gevaert, F. A. Nouveau traité d'instrumentation (texte espagnol). Paris, Lemoine. fr. 25.

Gleich, Ferd. Handbuch der modernen Instrumentirung für Orchester u. Militär-Musikcorps mit Berücksichtigung der kleineren Orchester, sowie der Arrangements von Bruchstücken größerer Werke für dieselben und der Tanzmusik. 4. vermehrte Aufl. Leipzig, C. F. Kahnt Nachf. — 8°. V, 108 S. ℳ 1,50.

9

Gray, W. B. The volunteer organist. New York, J. S. Ogilvie Publishing Co. — 12°. 192 p. 25 c.

Grossmann, H. Musik u. Musikinstrumente im alt. Testament, z. Geschichte d. Musik.

Gumbert, Friedrich. Posthornschule... nebst Abriss der Geschichte des Posthorns und Sammlung histor. Posthornstücke von K. Thieme. Leipzig, C. Merseburger. — 8°. 70 S. mit Abbildungen. ℳ 1,20.

[Hamel et J. Guédon.]* Nouveau manuel complet du facteur d'orgues. Nouvelle édition, contenant l'Orgue de dom Bédos de Celles et tous les perfectionnements de la facture jusqu'en 1849. Précédé d'une notice historique par M. Hamel, et complété par l'Orgue moderne, traité technique, historique et philosophique, renfermant tous les progrès accomplis dans la construction de cet instrument depuis 1849 jusqu'en 1903, et suivi d'une biographie des principaux facteurs d'orgues français et étrangers, par Joseph Guédon. Paris, Mulo. — gr. 8°. XXXX, 518 p. avec 61 fig. dans le texte. Dazu Atlas. — gr. 4°. 43 Taf. fr. 20. [inkl. Atlas.]
[Encyclopédie Roret.]

Hansen, R. Wie werde ich Solo-Klarinettist? Wie verfertige ich meine Solo-Klarinettenblätter selber? Leipzig, (Bernhardstr. A. 92), Reinh. Poehle. — 12°. 31 S. ℳ 1,20.

Heger, Franz. Alte Metalltrommeln aus Südost-Asien. Nebst einem Bande mit 45 Tafeln. Leipzig, K. W. Hiersemann in Komm. — Imp. 4°. 247 S. und Abbildungen. ℳ 100.

Henslg, C. R. Einführungen in den Beruf des Klavierlehrers. A. Die Erfordernisse für den Beruf eines Klavierlehrers. B. Die Lehrtätigkeit. Leipzig (1902), C. Merseburger. — 8°. 336 S. ℳ 3.

Hinton, J. W. Organ construction. 2nd edition. London (1902), Weekes Co. — 4°. 200 p. 7 s. 6 d.

Hofmann, Rich.* Die Musikinstrumente, ihre Beschreibung und Verwendung. 6., vollständig neu bearbeitete Aufl. [Webers Illustrierte Katechismen, Bd. 47.] Leipzig, J. J. Weber. — 12°. XII, 275 S. mit 205 in den Text gedruckten Abbildungen u. zahlreichen Notenbeispielen. Geb. ℳ 4.

Hofmiller, Thaddä. Die große Orgel von St. Ulrich in Augsburg, 1903 erbaut von Heior. Koulen & Sohn, mit 73 klingenden Registern, 20 Koppeln (durchgeführter Sub- und Superoktavkoppel), 3 freien Combinationen, Register- und Jalousieschweller, Hochdruck und Fernwerk eingehend beschrieben von H., in ihrer geschichtlichen Entwickelung vorgeführt von Jos. M. Friessenegger. 2. verbesserte und verm. Aufl. Augsburg, (Literar. Institut von Dr. M. Huttler). — 8°. 68 S. ℳ 0,60.

Hoogenboom, A. Omnibus. Drie muziekleerboekjes, bevattende de noodzakelijkste eischen aan deze kunst verbonden, om zichzelf te ontwikkelen, zoowel voor piano als orgel. Rotterdam, C. Moser. — 4°. 1. Notenschrift en maatleer. 24 p. f. 0,35. — 2. Verklaring van het Klavier met practische oefeningen. — 31 p. f. 0,40. — 3. Verklaring van 60 verschillende toonladders met de vingerzetting. — 31 p. f. 0,35.

Kross, Emil. The art of bowing. Übersetzt v. Emil Sänger. (Englische Ausgabe der „Kunst der Bogenführung".) Heilbronn, C. F. Schmidt. ℳ 6.
[In deutscher Sprache erschien das Werk im Jahre 1888.]

Kunst, die, des Klavierstimmens, sowie das Klavier und seine Behandlung. Eine praktische und theoretische Anweisung, wodurch sich jeder Musikverständige sein Klavier selbst rein stimmen, sowie etwaige Störungen in der Mechanik beseitigen kann. Mit einer Anleitung zur Intonation, nebst belehrenden Regeln beim Ankauf, Aufstellung, sowie Behandlung des Pianofortes. Neue, 7. vollständ. umgearb. Aufl. Heilbronn, C. F. Schmidt. — gr. 8°. 49 S. mit vielen Illustrationen u. Tafeln, mit Noten- u. Stimm-Beispielen. ℳ 1,20.

Landy, F. Méthode de clairon in — 8°, avec vignette et description de l'instrument. Paris, Gallet. fr. 1,25.

Lehmann, A. Akustik der Violine. 2 Teile. Mit 70 Abbildungen. [Russischer Text.] Moskau, P. Jurgenson. R. 2.

Loeber, Carl. Die Orgel-Register und ihre Klangfarben, sowie die damit verwandten akustischen Erscheinungen und wirksamen Mischungen. 3. stark verm. Auflage. Bern (1904), E. Baumgart. — gr. 8°. XVI, 141 S. mit Abbildungen und 1 Bildnis. ℳ 3.

Petherick, H. Repairing and restoration of violins. Illus. by author. (Strad lib.) London, Strad'. — 8°. 210 p. 2 s. 6 d.

Reinhard, Aug. Etwas vom Harmonium. Mit einer Ergänzung: Das Harmonium von heute. Ein Beitrag zur Erklärung des Wesens des Harmoniums. [Aus: „Reichsbote".] 2. verm. Aufl. Berlin, Simon. — gr. 8°. 14 S. 10 Ex. ℳ 0.80.

Riemann, Hugo. Katechismus der Musikgeschichte. (I. Teil: Geschichte d. Musikinstrumente.) Ins Tschechische übersetzt von Jaroslav Borecky. Prag, Urbanek.

Riomet, L. B. Les deux cloches de l'ancienne abbaye de Bonnefontaine (Ardennes). Reims, Matot fils. — 8°. 10 p.
[Epigraphie campanaire (Aisne et Ardennes).]

Rose, A. On choosing a pianoforte. London, W. Scott. — 12°. 144 p. 1 s.

Schenker, Heinrich. Ein Beitrag zur Ornamentik s. Allgemeine Musiklehre.

Schlesinger, St. Der Pianist-Methodolog, in 12 Liefer. [Russ. Text.] St. Petersburg, Verlag der Musikschule Schlesinger. — Je 35—60 K.

Schneider, A. Die Lehre der Musik und Harmonie übertragen auf das praktische Gebiet s. Allgemeine Musiklehre.

Schneider, Louis. La harpe et ses ancêtres. Paris, édition de la Nouvelle Revue. — 8°. 23 p.

Schubert, F. L. Instrumentationslehre nach den Bedürfnissen der Gegenwart. Faßlich dargestellt. 6. Aufl., bearb. von Carl Kipke. Leipzig, C. Merseburger. — 12°. IV, 131 S. ℳ 0.90.

Smith, Hermann. Modern organ tuning: clearly explaining the nature of the organ pipe, and the system of equal temperament; with an historic record of the evolution of the diatonic scale from the Greek tetrachord. New York, Scribner (imported). — 12°. 120 p. geb. $ 1.25.
[cf. voriges Jahrbuch S. 132.]

Smith, J. Handbook and directory of old scottish clockmakers s. Lexika und Verzeichnisse.

Steinhausen, F. A.° Die Physiologie der Bogenführung auf d. Streich-Instrumenten. Leipzig, Breitkopf & Härtel. — gr. 8°. XII, 113 S. mit Abbildungen. ℳ 4.

Tetzel, Eugen. Begleitbroschüre z. Neuen Lehrgang d. Klavierspiels. Berlin, Eisoldt & Rohkrämer. — 8°. 16 S. ℳ 0.30.

Thiercelin, C. Notice sur l'orgue de la Madeleine de Châteaudun. Châteaudun, imprimerie de la Société typographique. — 8°. 12 p.

Tolbecque, A. L'art du luthier. Niort, chez l'auteur, au Fort-Foucault. — 4°. X, 320 p. avec fig. (et musique). fr. 20.

Trumpet and bugle sounds for the army, with instructions for the training of trumpeters and buglers. London, Eyre & Spottiswoode. — 1 s.

Unschuld von Melasfeld, Marie. Die Hand des Pianisten. Method. Anleitung zur Erlangung einer sicheren, brillanten Klaviertechnik modernen Stiles nach Principien des Herrn Prof. Th. Leschetizky. 2. Aufl. Leipzig, Breitkopf & Härtel. — gr. 8°. XV, 86 S. mit 42 Abbildungen und 49 Notenbeispielen. ℳ 4.

Unschuld von Melasfeld, Marie. The hand of the pianist ... Translated from the German by Henry Morgan Dare. Ebenda. XV, 88 S. with 44 photographed illustr., and 55 examples in notes. ℳ 5.

Vincent, Charles. Scoring for an orchestra. London (1902), Vincent Music Co. — 12°. 54 p. 1 s. 0 d.

Warriner, John. Transposition, keyboard and orchestral. London, Novello & Co. — gr. 8°. 56 p. 2 s.

Zehrfeld, Oskar. Wegweiser für den Organisten s. Lexika und Verzeichnisse.

Zuschneid, Karl. Methodischer Leitfaden für den Klavierunterricht unter Zugrundelegung der „Theoretisch-praktischen Klavierschule" desselben Verfassers. Berlin-Gr.-Lichterfelde, Ch. F. Vieweg. — gr. 8°. 64 S. mit 1 Tafel. geb. ℳ 1.20

Ästhetik. Belletristik. Kritik. Physiologisches. Autorenrechte.

Abert, H. Die ästhetischen Grundsätze d. mittelalterlichen Melodiebildung. Eine Studie zur Musikästhetik des Mittelalters. [Habilitationsschrift.] Halle (1902). — 8°. 25 S.

Airo, Yrjö. The origins of art. A psychological and sociological inquiry. London (1902), Macmillan. — 8°. 331 p.

Alger, Horatio jr. Phil the fiddler; or the story of a young street musician. New York, Hurst & Co. — 12°. 232 p. geb. 50 c.

Altmann, Wilhelm." Öffentliche Musikbibliotheken. Ein frommer Wunsch. [Sonderdruck aus der Zeitschrift der Internat. Musikgesellschaft V. Heft 1.] Leipzig, Breitkopf & Härtel. — gr. 8°. 16 S.

Bartels, Adolf. Kritiker und Kritikaster. Pro domo et pro arte. Mit einem Anhang: Das Judentum in der deutschen Literatur. Leipzig, Avenarius. ℳ 1.

Bartnett, Harriet. Angelo, the musician. New York, Godfrey A. S. Wieners. — 12°. 4+340 p. geb. $ 1,25.

Berlichingen, Frhr. Adolf von. Predigt behufs Anschaffung einer neuen Orgel für die Kirche von St. Adalbero in der Sanderau. Würzburg, Göbel & Scherer. — gr. 8°. 11 S. ℳ 0,30.

Burckhard, Max. Ein österreichisches Theaterrecht. Erläuternde Bemerkungen zu dem revidierten Entwurf eines österreichischen Theatergesetzes. Wien, Manz. gr. 8°. 19 S. ℳ 0,50.

Bussy, Charles de. Le Cake-Walk jugé par les danses, poésie. Paris, Stock. — 16°. 10 p. 50 c.

Carrey, André-Georges. De l'engagement théâtral. (Thèse.) Paris, A. Rousseau. — 8°. 186 p.

La Chapelle-Saint-Mesmin. Souvenirs poétiques: Fêtes religieuses; Séances musicales; Séances littéraires et dramatiques. Orléans, Séjourné. — 18°. 223 p.

Conrad, Franz. Der liturgische Dienst eines katholischen Lehrers mit Ausnahme des Organistendienstes. 2. Aufl. Würzburg, Staudinger. — 8°. ℳ 1,60.

Musical copyright [H. L.] Bill to amend the law. London, Eyre & Spottiswoode. 1 d.

Crawford, Emily. Victoria, Queen and ruler. London, Simpkin, Marshall.
[cf. die Kritik in der Zeitschrift der Internat. Musikgesellschaft V. S. 90.]

Diegelmann's, E. Theater-Fibel. Vorschule für Anfänger u. Dilettanten der darstell. Kunst. Plauen, M. Hegenbarth. — 8°. II, 49 S. ℳ 1,20.

Dietert, Fr. Das Elend der Kritik. Ein Weckruf an den neuen deutschen Geist, an Künstler, Kritiker u. Publikum. Danzig-Zoppot, F. W. Dietert. — gr. 8°. 23 S. ℳ 0,50.

Faguet, Émile. Propos de théâtre. Paris, Société française d'imprimerie et de librairie. — 18°. fr. 3,50.

Florens-Gevaert. Essai sur l'art contemporain. IIme édit. revue. Paris, F. Alcan. — 12°. II, 179 p. fr. 2,50.

Fondi, Enrico. Il quartetto geniale: odi a Rossini, Donizetti, Bellini, Verdi. Bologna (1902), N. Zanichelli. — 16°. 20 p. L. 0,75.

Gaborit, abbé. Le Beau dans les arts. 4e édition, revue avec soin et illustrée de nouvelles grav. Paris et Lyon, lib. Vitte. — 8°. 389 p.

Giuriati, Domenico. Il plagio. Furti letterari, artistici e musicali. 2a edia. Milano, Hoepli. — 16°. XVI, 495 p. L. 5,50.
[Biblioteca scientifico-letteraria.]

Hagemann, Carl. Schauspielkunst und Schauspielkünstler. Beiträge zur Ästhetik des Theater. Berlin, Schuster & Loeffler. — gr. 8°. 214 S. ℳ 3.

Heinzelmann, W. Über den ethischen Beruf der Kunst. Festvortrag. [Aus: „Jahrbücher der königlichen Akademie gemeinnütziger Wissenschaften zu Erfurt".] Erfurt, C. Villaret. — gr. 8°. 30 S. ℳ 0,80.

Henze, Max. Der Dienstaufwand der Schauspielerin. Eine sozialrechtl. Untersuchung. Berlin (1904), Struppe & Winckler. — gr. 8°. IX, 36 S. ℳ 1.

Hesse, André. Code pratique du théâtre. Préface de Jules Claretie. Paris, Stock. 18°. VIII, 382 p. 3 fr. 50.

Huard, Gustave. Traité de la propriété intellectuelle. Vol. I. Paris, Marchal et Billard.

Humpert, Th. Der Musiker und seine Ideale. Stuttgart, Strecker & Schröder. — gr. 8°. 44 S. ℳ 0,60.

Jaskulski, Kornel. Erziehung zum Kunstgenusse. Vortrag. Czernowitz, H. Pardini in Komm. — 8°. 43 S. ℳ 0,40.

Israfel. Musical fantasies. London, Simpkin. — 8°. 222 p. 5 s.

Jude, W. H. Music and the higher life, with other solos. Abridged ed. London, Reid Bros. — 8°. 1 s. 6 d.

Kindermann, Carl. Volkswirtschaft und Kunst. Jena, G. Fischer. — gr. 8°. VI, 46 S. ℳ 1.

Lagorce, Henry. De la rémunération des artistes. (Thèse.) Laval, imp. Barnéoud et Ce. — 8°. 210 p.

Lange, Carl. Sinnesgenüsse und Kunstgenuß. Beiträge zu einer sensualistischen Kunstlehre. Herausgeg. v. Hans Kurella. Wiesbaden, J. F. Bergmann. — gr. 8°. VIII, 100 S. ℳ 2,70.

Lichtstrahlen in das Dunkel des unlauteren Klavierhandels. Hamburg, M. C. Herbst, Kirchenallee 43. 10 Exemplare .ℳ 0,35.
[Die Schrift mahnt zur Vorsicht beim Klavierkaufe.]

Liliencron, Rochus Freiherr v. Frohe Jugendtage. Lebenserinnerungen. Kindern u. Enkeln erzählt. Leipzig (1902), Duncker & Humblot. — 8°. 167 S. ℳ 3.

Liliencron, Rochus Freiherr von. Wie man in Arnwald Musik macht. Leipzig. Ebenda. — gr. 8°.
[Vereinigt mit einer zweiten Novelle „Die sieben Todsünden." Beide Novellen umfassen VI, 194 S. Preis ℳ 3.]

Lipps, Theodor.* Ästhetik. Psychologie des Schönen und der Kunst. I. Teil. Grundlegung der Ästhetik. Hamburg u. Leipzig, L. Voss. — gr. 8°. XIII, 601 S. ℳ 10.

Le Livre d'or de Fémina, de Musica et de la Vie au grand air. Paris, Lafitte et Co. — 4°. 52 p. avec grav. en coul.

Melse, André. Le droit d'auteur au regard des régimes matrimoniaux. (Thèse). Paris, libr. A. Rousseau. — 8°. 169 p.

Merkel, Paul. Was werde ich? Der Opern- und Konzertsänger. — Dasselbe: Der Instrumentenbauer. [Miniatur-Bibliothek Nr. 581 und 595.] Leipzig, A. O. Paul. — 32°. 46 S. und 31 S. Je ℳ 0,10.

Molldur, Karl. Die Kunst- und Wissenschaft der Musik: I. in ihrem Verhältnis zur Religion, II. als Medium zur Krankenheilung, III. als Farben-Komposition zur Unterstützung der Tonmusik bei der Heilung aller Seelen, IV. als Geisterdemonstration — Entsprechungswissenschaft — nebst geistigem „Darwinismus" aus verklärten Sphären. Lorch, [s. a.] Karl Rohm in Komm. — kl. 8°. 296 S. ℳ 2.

Müller, Heinrich. Die Verstaatlichung der Theater. Eine Studie für das allgemeine Publikum. Mit einem Anhang: „Das Wiener Parktheater". (Ein Traumbild.) Wien, Huber & Lahme. — Schmal Fol. 11 S. ℳ 0,40.

Nell, J. Musical service: is it right? 2. ed. enlarged. London, Simpkin. — 12°. 72 p. 1 s.

Noack, Eduard. Intime Plaudereien aus der Vergangenheit des königl. Hoftheaters zu Hannover. Hannover, M. & H. Schaper. — 8°. V, 175 S. mit Bildnis. ℳ 2.

Nodnagel, E. O. Versimpelung der Musikkritik oder Kannegießer als Erzieher. Ein Vademekum für das Dioskurenpaar Emil Krause und Gustav Doempke. Op. 37. Charlottenburg, H. Seefeldt. — gr. 8°. 55 S. ℳ 1.

Ein Notschrei der Zivilmusiker über die gewerbliche Tätigkeit der k. u. k. Militärmusikbanden. Verlag des österr.-ungar. Musikerverbandes. Wien VIII, 2. Bennogasse 4. 10 Heller.

Noyes, Carleton. The enjoyment of art. Boston, Houghton, Mifflin & Co. — 8°. 13 + 101 p. geb. $ 1.

Oettingen, Wolfg. Das Gesetz in der Kunst. Rede. Berlin, E. S. Mittler & Sohn. — gr. 8. 29 S. ℳ 0,60.

Osborne, L. Love, the fiddler. London, Heinemann. — 8°. 330 p. 6 s.

Osmin, H. Musik und Musiker im Lichte des Humors. Vers und Prosa. 2. Aufl. Berlin, Ries & Erler. ℳ 1.

Paret, Friedrich. Kunsterziehung und Volksschule. [In: „Zeitfragen des christl. Volkslebens". Herausgeg. von E. Freiherr von Ungern-Sternberg und Th. Wahl. 209. Heft.] Stuttgart, Ch. Belser. — gr. 8°. 38 S. ℳ 0,60.

Patrizi, M. L. La nuova filosofia dell' emozione musicale. Torino, F. lli Bocca. — 8°. 26 p. L. 1.

Perks, Lily. Life's counterpoint. London, C. A. Pearson. — 8°. 315 p.
[cf. die Kritik: Zeitschrift d. Internationalen Musik-Gesellschaft V. S. 90.]

Pilo, Mario. Psicologia musicale: appunti, pensieri, discussioni. Milano, U. Hoepli. — 16°. XX, 259 p. L. 2,50.

Polko, Elise. Musikalische Märchen, Phantasieen und Skizzen. Neue durchgesehene Ausgabe in 2 Bänden. Leipzig (1904), J. A. Barth. L 25. Aufl. VIII, 454 S.—II. 15. Aufl. VII, 459 S. und je 1 Titelbild. Geb. in Leinwand mit Goldschnitt je ℳ 6.

Prümers, Adolf. Silcher oder Hegar? Ein Wort über den deutschen Männergesang und seine Literatur. Leipzig, H. Seemann Nachf. — 12°. 15 S. ℳ 0,50.

Rabus, Hugo. Musik-Gedächtnis. (Auswendigspielen.) Leipzig, Polyhymnia. — 8°. ℳ 0,30.

Rand, E. A. Fifer-boy of the Boston siege. (New issue.) Cincinnati, O., Jennings & Pye. — 12°. 9+326 p. geb. 50 c.

Riemann, Hugo. Wie hören wir Musik? Grundlinien der Musik-Ästhetik. 2. Aufl. [Max Hesse's illustr. Katechismen Bd. 17.] Leipzig, Hesse. — 8°. IX, 93 S. ℳ 1,50.

Rispoli avv. Consiglio. La vita pratica del teatro: vade-mecum indispensabile agl'impresari e agli artisti di ogni genere, con un elenco di tutti gli artisti italiani viventi. Firenze, Bemporad e figlio. — 16°. XV, 238 p. L. 2,50.

Rossbach, Otto. Internationale u. nationale Kunst. Rede. Königsberg, Gräfe & Unzer. — gr. 8°. 20 S. ℳ 0,60.

Roussel-Despierres, Fr. L'idéal esthétique. Paris, Alcan. — fr. 2,50.
[cf. die Kritik in: La Revue musicale III. No. 18. Paris, Welter.]

Schapire, Anna. Singende Bilder, Dresden, E. Pierson. — 8°. 73 S. ℳ 1,50.

Schleichert, F. Die Pflege des ästhetischen Interesses in der Schule. Eine Betrachtung nebst einer Unterrichtsskizze. [Pädagogisches Magazin . . . . . herausgeg. von Frdr. Mann. Heft 201.] Langensalza, H. Beyer & Söhne. — gr. 8°. 16 S. ℳ 0,25.

Schulze, Otto. Die Frage der ästhetischen Erziehung, eine Lebens- und Existenzfrage f. unser Volk und f. unsere Jugend. Magdeburg (1902), Friese & Fuhrmann. — gr. 8°. 65 S. ℳ 1.

Sienkiewicz, Heinr. Janko der Musikant und andere Novellen. Deutsch von Theo. Kroczek. Osnabrück, B. Wehberg. — 8°. 303 S. ℳ 2.

Smolian, Arthur. Stella del monte siehe Biographien und Monographien unter Berlioz, Hector.

Söhle, Karl. Musikanten-Geschichten. 2. Band. 2. [Titel-]Auflage. Berlin, B. Behr. — 8°. VII, 190 S. ℳ 2,50.

Sousa, J. P. The fifth string. Illustr. London, Ward & L. — 8°. 131 p. 5 s.
[cf. den vorigen Jahrgang S. 135.]

Stephani, Herm. Das Erhabene insonderheit in der Tonkunst und das Problem der Form im Musikalisch-Schönen und Erhabenen. Leipzig, H. Seemann Nachf. — gr. 8°. 78 S. ℳ 2,50.

Thon, Wilhelm. Unsere Kunst bleibt ewig. 5 Szenen aus der Geschichte der sächs. Kantoreien. Für die Jubelfeier der Bitterfelder Kantorei-Gesellschaft entworfen. Bitterfeld, Wilh. Meissner. — 8°. 130 S. mit einer Musikbeilage. ℳ 1.

Udine, Jean d'. Dissonance, roman musical. Paris, éditions du Courrier musical. — 8°. 112 p.

Vachon, Marius. Pour devenir un artiste. Maximes — conseils — exemples d'après les maîtres français contemporains. Paris, Delagrave. — 8°. fr. 3,50.

Villanis, Luigi Alberto. Lo spirito moderno nella musica. Milano (1902), soc. editr. La Poligrafica. — 16°. 36 p. L. 0,25.
[Biblioteca dell' università popolare di Milano, n. 1.]

Villanis, L. A. Saggio di psicologia musicale: Il moto nella musica. Torino (1904), Lattes e Co. — 16°. 200 p. L. 4.

Vitoux, Georges. Le théâtre de l'avenir. (Aménagement général; mise en scène; trucs; machinerie, etc.) Paris, lib. Schleicher frères et Co. — 18°. 249 p. fr. 3,50.

Volkmann, Ludwig. Grenzen der Künste. Auch eine Stillehre. Dresden, G. Kühtmann. — Lex. 8°. 256 S. mit Abbild. ℳ 6.

Waters, Frank. The musician: a legend of the Harts mountains; [a poem]. Boston, R.: G. Badger. — 12°. 2+88 p. $ 1,25.

Weissmann, Adolf.° Musikalische Anlage und Erlernung fremder Sprachen. Programm. Berlin, Weidmann. — gr. 4°. 9 S. ℳ 1.

Wernick, G. Zur Psychologie des ästhetischen Genusses. Leipzig, Engelmann. ℳ 2,40.

Winzer, H. Die Volksschule und die Kunst. Ein Rück- und Vorblick. — [Pädagogisches Magazin .... herausgeg. von Frdr. Mann. Heft 218.] Langensalza, H. Beyer & Söhne. — gr. 8°. 17 S. ℳ 0,25.

Zuccante, Giuseppe. Il bello e l'arte nella dottrina di Socrate. [In: Reale istituto lombardo di scienze e lettere: rendiconti. Serie II, vol. XXXV, fasc. 17—19.] Milano, U. Hoepli. — 8°.

www.ingramcontent.com/pod-product-compliance
Lightning Source LLC
Chambersburg PA
CBHW020117170426
43199CB00009B/552